Cría de Patos

La Mejor Guía para la Cría Saludable de Patos para Huevos, Carne y Compañía con Consejos para Elegir la Raza Adecuada y Construir el Corral para Principiantes

Índice

Índice

INTRODUCCIÓN

CAPÍTULO 1: ...

CAPÍTULO 2: COMPRENDER EL COMPORTAMIENTO DE LOS PATOS ... 11

CAPÍTULO 3: ...

CAPÍTULO 4: ...

CAPÍTULO 5: ...

CAPÍTULO 6: SALUD Y BIENESTAR DE ...

CAPÍTULO 7: ...

CAPÍTULO 8: ...

CAPÍTULO 9: ...

CAPÍTULO 10: ...

CONCLUSIÓN

Y LA MÁS LIBRO ... POR DION ROSE?

REFERENCIAS

Introducción

Cuando te imaginas una típica granja, probablemente pienses en unos pocos animales, como gallinas o vacas, acaparando todo el protagonismo. Rara vez se ven patos y gansos. Pero, ¿por qué no? Imagínate unos patitos felices chapoteando en un pequeño estanque. ¿A quién no le gustaría eso?

Si alguna vez has soñado con tener tu propia granja, puede que se te haya pasado por la cabeza la idea de criar gallinas. Las gallinas suelen elegirse por sus huevos y su compañía, pero ¿has pensado alguna vez en añadir patos a la mezcla? Los patos pueden ser una interesante y gratificante incorporación a tu granja, y ofrecen un conjunto único de beneficios y alegrías que podrían sorprenderte.

Uno de los aspectos más agradables de la cría de patos es su producción de huevos. Los patos son conocidos por ser excelentes ponedores y, de hecho, pueden superar a las gallinas en este aspecto. Con los patos, puedes tener un suministro constante de huevos, que son deliciosos y más grandes que los de las gallinas. Es una experiencia gratificante que puede dar un toque único a la mesa del desayuno.

Curiosamente, los patos fueron en su momento los principales proveedores de huevos. Sin embargo, las gallinas ganaron popularidad debido a su adaptabilidad a los métodos de cría intensiva. A pesar de este giro, los patos siguen siendo una fantástica opción para la producción de huevos a pequeña escala, especialmente si buscas una selección de huevos más diversa.

Más allá del ámbito de los huevos, los patos ofrecen algunas ventajas únicas sobre las gallinas. Una de ellas es su talento natural para el control de plagas. Son excelentes buscando comida y pueden mantener a raya las plagas. A diferencia de las gallinas, no remueven el suelo ni ensucian, lo que los convierte en una valiosa incorporación al equipo de mantenimiento del jardín. Son las mascotas de bajo mantenimiento del mundo avícola. Son muy buenos hurgando en la huerta y cazando babosas y otros bichos.

Además, el cuidado de los patos es sorprendentemente sencillo, lo que lo hace aún más atractivo tanto para los granjeros principiantes como para los experimentados. Aunque un estanque puede ser una magnífica adición a tu granja, no es un requisito absoluto para criar patos. Se conforman con fuentes de agua más pequeñas, como una piscina infantil o un recipiente poco profundo. Esta adaptabilidad aumenta su encanto y hace que sean relativamente fáciles de incorporar a la granja.

Antes de sumergirte en el mundo de la cría de patos, debes tomar algunas medidas prácticas. Consulta a las autoridades locales para asegurarte de que los patos están permitidos en tu zona. En la mayoría de los lugares no hay ningún problema con un pequeño número de patos, pero siempre es buena idea asegurarte de que cumples las normas. Si tienes vecinos cerca, también es un gesto de cortesía comentarles amistosamente tus planes.

Capítulo 1: Los beneficios de criar patos

Los patos no son los primeros animales que vienen a la mente cuando se piensa en criar ganado. La gente suele imaginarse criando pollos, cerdos o vacas. Normalmente te preguntan si eres una persona de perros o gatos, nunca de patos. La interacción de la sociedad con los patos se limita a estampados en pijamas infantiles, dibujos animados de Disney y, de vez en cuando, a darles de comer en el parque. Aparte de ser ridículamente simpáticos, son aves que se pasan por alto y que pueden ser un magnífico complemento para la familia o el hogar.

Además de ser ridículamente adorables, los patos pueden ser un maravilloso complemento para una familia o una granja

https://www.pexels.com/photo/yellow-ducklings-floating-on-the-sink-with-water-7697682/

Existen muchas variedades de patos y pueden criarse por diversos motivos, como la producción de carne, huevos y fertilizantes. Además, estas aves tan inteligentes son excelentes compañeros. Algunos terapeutas han recomendado los patos como animales de apoyo emocional porque pueden conectar con las personas. Los humanos han tenido una larga relación con los patos domesticados que se remonta a más de 500 años. Sólo por eso, no tendrás ningún problema en investigar qué es lo mejor para estas aves.

Los patos tienen una serenidad única y grácil que puede ser sobrecogedora. Se parecen a los perros en que pueden formar vínculos significativos. Uno de los fenómenos más comunes registrados entre las especies de patos en lo que respecta a los vínculos afectivos es la impronta que dejan los patitos al nacer. Si eres el primer ser vivo que un pato ve moverse después de salir del huevo, te tomará como huella y te seguirá a todas partes como si fueras su madre. Como organismos sociales, los humanos comparten un parentesco con los patos que lleva a un entendimiento entre especies.

Los patos son fuente de carne y huevos y pueden ser muy beneficiosos para el ecosistema de una granja. Los patos silvestres comen insectos, caracoles y malas hierbas. Pueden utilizarse como parte de un sistema de permacultura que limite el uso de pesticidas. Al minimizar el uso de pesticidas en la agricultura, los patos pueden ayudar a los agricultores en su transición hacia formas más limpias de producir alimentos al disminuir la contaminación del suelo y el agua. Además de controlar las plagas, los patos pueden producir abono natural y compost.

Si te abres a la posibilidad de una coexistencia beneficiosa con los patos, entrarás en un mundo nuevo y enriquecedor. Una vez que aprendas las nociones básicas y puedas poner en práctica los principios clave de la cría de patos, las recompensas serán cada vez más evidentes. Dar el salto puede ser una de las decisiones más enriquecedoras de tu vida. Además, los patos requieren relativamente poco cuidado, por lo que no te romperás la espalda cuidándolos. El bajo esfuerzo, unido a los innumerables beneficios, es una vía favorable que vale la pena explorar si estás pensando en adquirir un nuevo animal.

El placer de criar patos

Uno de los aspectos más destacados de la cría de patos es el placer que puede provocar. Imagínate al anciano leyendo el periódico en el parque, lanzando tranquilamente trozos de pan a los patos que pasan. ¿No te produce esa imagen una relajación inmediata? Hay algo realmente enraizante en la interacción con los patos. La paz mental que se siente al relacionarse con los patos es indescriptible. No lo entenderás del todo hasta que experimentes el milagro de criar a un pato desde que era un patito esponjoso y amarillo hasta su madurez. La naturaleza social de los patos les permite formar vínculos profundos, que son muy satisfactorios para los humanos que comparten un impulso similar por mantener relaciones.

Los patos son hermosos a la vista. Los hay de todas las formas, tamaños y colores. Sentarse y absorber su majestuosidad facilita un profundo sentimiento de gratitud por el mundo natural. No hay nada como ver a un grupo de patitos seguir a su madre en un estanque. La forma en que se deslizan sobre el agua es espléndidamente satisfactoria. Los patos parecen tener un aura inexplicablemente acogedora que te hace querer estar cerca de ellos, sobre todo cuando empiezas a interactuar con ellos regularmente. No puedes entender del todo lo que significa criar patos hasta que compartes un espacio con ellos.

La tranquilidad que se obtiene al conectar con los patos es indescriptible
https://unsplash.com/photos/JDzoTGfoogA

Si crías patos para huevos y carne, la sensación de criar tus productos desde el nacimiento es mágica. Comer tus propios alimentos es un mundo aparte de comprar comida envuelta en plástico en el supermercado. La antigua tradición de criar animales domésticos tiene algo de primitivo. Es como si tu memoria ancestral se activara, vinculándote con el largo linaje de personas que utilizaron la agricultura para impulsar la civilización. A medida que la humanidad se adentra en la próxima era de la agricultura, en la que la preocupación por el medio ambiente ocupa un lugar central, la cría de patos parece ser el camino a seguir para una producción avícola consciente.

La cría de patos para la producción de huevos y carne también tiene ventajas económicas. El mercado del pato sigue creciendo, y hay margen para una mayor expansión, ya que la cría de pavos y pollos sigue estando muy por delante de la de patos. Este mercado relativamente sin explotar, en comparación con otras carnes de aves de corral, tiene potencial para expandirse, sobre todo teniendo en cuenta la gran variedad de entornos en los que pueden prosperar los patos y su resistencia. La satisfacción de obtener beneficios puede ser un factor motivador para iniciar tu actividad de cría de patos.

Producción de huevos y carne

Una de las principales ventajas de criar patos son la carne y los huevos que puedes recoger. Los huevos de gallina se comen en casi todos los hogares, pero los de pato son igual de deliciosos. Lo bueno de los patos es que son especies que pueden superar exponencialmente a las gallinas. Resulta desconcertante que no haya más granjas que se dediquen a la producción de huevos de pato. No ponen huevos a diario, pero se pueden obtener más de 300 huevos de un pato en un año. Unos cuantos patos pueden eliminar por completo la necesidad de comprar huevos en un supermercado. También podrás vender el excedente. Los patos pueden criarse junto con las gallinas, así que no tienes por qué abandonar por completo la idea de la cría de gallinas. Puedes introducir variedad en tu consumo de huevos combinando patos y gallinas.

En general, los patos son más sanos que las gallinas, por lo que tendrás menos problemas relacionados con las enfermedades. Los patos también están más preparados para sobrevivir en invierno gracias a sus capas de grasa y su grueso plumaje. Algunas especies pueden incluso dormir al raso bajo la lluvia y la nieve. Sorprendentemente, los patos soportan mejor el calor que las gallinas. Aunque tanto las gallinas como los patos son ruidosos, los patos suelen ser más tranquilos a lo largo del día. Si bien pueden ser ruidosos, sus graznidos no son constantes.

La mayoría de la gente consume huevos de gallina, pero los de pato son mejores en muchos aspectos. El mayor contenido en grasa de los huevos de pato les da un sabor más intenso. Además, los huevos de pato son más grandes, por lo que no sólo se obtienen más en número, sino también en cantidad. Muchos pasteleros prefieren los huevos de pato porque su alto contenido en grasa puede ser mejor para las recetas de repostería. Por lo tanto, la superioridad de los huevos de pato debería impulsarte a adoptar esta nutritiva fuente de proteínas. El notable cambio de los huevos de gallina a los de pato hará que te preguntes por qué no empezaste a criar patos hace años.

La carne de pato es una magnífica fuente de proteínas. Teniendo en cuenta los problemas de obesidad que padece el mundo occidental, cambiar la carne roja por la de pato puede salvarnos la vida. Además de proteínas, la carne de pato es una excelente fuente de hierro. Comer una ración de carne de pato puede aportarte la mitad de la ingesta diaria de hierro. Esta carne rica en nutrientes también contiene vitaminas del grupo B, que ayudan a mantener sanos el pelo, la piel y los músculos. La carne de pato tiene menos grasa que la de pollo, por lo que puede ser útil para las personas preocupadas por su salud y para quienes van al gimnasio.

Casi todas las partes del pato son comestibles, y las que no se pueden comer siguen siendo útiles, como las plumas o las vísceras. Por lo tanto, si crías patos para producir, no desperdiciarás nada. La gente come todo tipo de carne de pato, incluidos el hígado y las mollejas. El hígado de pato está considerado un manjar en muchas partes del mundo por su especial untuosidad. Su carne puede comerse con arroz y verduras para una comida abundante y sana. Se puede preparar de varias formas, como a la barbacoa, asado o incluso en guiso.

La carne de pato tiene más vitaminas y minerales y menos colesterol que la de pollo, lo que la convierte en una opción más sana. En muchas partes del mundo hay crisis de obesidad y enfermedades relacionadas con la alimentación, como la diabetes y la hipertensión. Explorar la cría de patos podría ser una de las soluciones para abordar algunos de los problemas de nutrición en todo el mundo. Si se generaliza la cría de patos, bajará el precio de una carne más sana. Además, su mayor tamaño significa que la gente obtendrá más carne por su dinero.

Control de plagas

Si cultivas productos agrícolas, los patos pueden ser un buen elemento disuasorio para varios tipos de plagas. Dado que pasan gran parte del día buscando comida, a los patos les encanta alimentarse de bichos y caracoles. Quienes crían patos suelen ahorrar mucho dinero en pesticidas. Los pesticidas, aunque son muy eficaces, con el tiempo pueden afectar negativamente al suelo porque destruyen la microdiversidad que aporta nutrientes esenciales a las plantas. Utilizar patos como forma de control de plagas puede mantener vivo tu suelo.

Los agricultores asiáticos han utilizado tradicionalmente los patos para controlar la población de insectos en los arrozales. Especies como el pato corredor indio han sido criadas para que tengan extremidades más largas y cubran más terreno. Utilizar los patos para el control de plagas puede crear un ecosistema sano en una granja grande, en una pequeña explotación o en un patio trasero. Dado que se alimentan de forma natural sin apenas intervención, los patos pueden convertirse básicamente en tus socios en el cuidado del campo. Con los patos para el control de plagas, tus aves se alimentan felizmente de insectos, tus plantas están protegidas y disfrutarás de una cosecha ecológica de alta calidad.

Los patos pueden ser un buen elemento disuasorio para varios tipos de plagas
https://www.pexels.com/photo/ducklings-eating-on-ground-12295250/

Teniendo en cuenta que el cambio climático está impulsando al planeta hacia una nueva forma de vida, puede ser necesario incorporar animales a los métodos de cría más limpios. El mínimo daño que causan los patos y su relativamente bajo costo de mantenimiento pueden hacer del ave una solución lógica para adoptar prácticas respetuosas con el medio ambiente en la producción de alimentos. Los patos pueden criarse para producir carne, lo que puede ser una alternativa útil a la cría de vacas que generan un exceso de gas metano. Introducir patos en tu granja puede crear un ecosistema mutuamente beneficioso capaz de mantener un equilibrio sano y natural.

Los patos no sólo ayudan con las plagas de insectos, sino que pueden ampliar sus servicios para incluir la erradicación de malas hierbas. Los patos son herbívoros y pastan. Comen malas hierbas y plantas pequeñas. Si se les permite forrajear de forma independiente en tu campo, se reducirá el costo de su alimentación. La combinación de malas hierbas e insectos será un gran suplemento para la dieta de tus patos. Las malas hierbas comunes, como las hojas de diente de león, son el tentempié favorito de muchas razas. A diferencia de las gallinas, los patos dañan menos tus plantas porque comen arbustos más altos y no escarban el suelo.

Las pequeñas serpientes, ratones y ranas tampoco están a salvo cuando hay patos cerca. Estas plagas pueden causar estragos en tus cultivos. La destreza cazadora de los patos puede ayudar a mantener baja la población de ratones, lo que puede contribuir a evitar infestaciones. Los ratones desentierran los cultivos de raíz, por lo que pueden poner en peligro toda la cosecha. Envenenar a los ratones puede dañar el suelo y afectar a otros animales que no tenías previsto matar. Si hay niños en tu propiedad, utilizar veneno puede ser un peligro catastrófico. Los niños son curiosos y pasan mucho tiempo jugando al aire libre, lo que significa que podrían entrar fácilmente en contacto nocivo con el veneno que se utiliza en una finca. Utilizar patos para el control de plagas puede ayudarte a crear un entorno más seguro para los más pequeños que te visiten o vivan contigo.

La resiliencia de los patos

Algunas culturas utilizan los patos como símbolo de estabilidad. Esto tiene mucho sentido si tenemos en cuenta que los patos son unos de los animales más resistentes. De todas las aves de corral domésticas que cría el hombre, los patos son los menos susceptibles a las enfermedades y tienen una inmunidad espectacular. Por lo tanto, tanto si crías patos para carne, huevos o como animales de compañía, puedes estar seguro de que no enfermarán fácilmente. Sus fuertes inmunidades y su resistencia a las temperaturas extremas los convierten en uno de los animales que requieren menos cuidados.

En su entorno natural, los patos se enfrentan a todo tipo de amenazas externas, incluidos los depredadores y los retos de vivir en hábitats hostiles. Han evolucionado para ser fuertes e inteligentes. Algunas especies de patos migran largas distancias y pueden pasar largos periodos de tiempo en el aire. Además, los patos son criaturas sociales que a menudo se pelean durante las épocas de apareamiento. La combinación del comportamiento y la psicología de los patos con los duros entornos de los que proceden ha creado una criatura cariñosamente resistente que no se anda con tonterías.

Los patos son un punto de partida asombroso si piensas dedicarte a una granja diversa, ya sea de subsistencia o comercial. Pueden servirte para introducirte en el mundo de la agricultura sin abrumarte por lo resistentes que son. En lugar de elegir animales de mucho cuidado como inversión inicial, puedes empezar con patos que pueden proporcionarte huevos de alta calidad y carne de primera.

Los patos no son propensos a las enfermedades, por lo que son animales seguros para mantener cerca de personas y ganado. Además, el control de la temperatura que hace que los patos se adapten a condiciones climáticas cambiantes los convierte en una excelente opción ante el calentamiento global. Donde muchos animales perecerán debido al cambio climático, los patos pueden ser la mejor opción avícola a explorar para adaptarse al cambio climático. La sostenibilidad que presentan los patos al poner huevos grandes y suministrar mucha carne, al mismo tiempo que desempeñan un papel crucial en el ecosistema como depredadores y fertilizantes, hace de los patos una de las formas de ganadería más respetuosas con el medio ambiente. A diferencia de las vacas, que ocupan mucho espacio y producen gases de efecto invernadero, y de los pollos, que a menudo requieren todo tipo de medicación porque son enfermizos, los patos pueden ser la carne sostenible del futuro.

Fertilizante para patos y agricultura regenerativa

Ante la creciente crisis medioambiental provocada en gran medida por la industria ganadera, los patos pueden ser una forma de adoptar métodos de cría más respetuosos con el medio ambiente. Básicamente, los patos son el animal perfecto para crear un entorno de permacultura. La permacultura es una forma ecológica de enfocar la agricultura en la que se construyen ecosistemas regenerativos que trabajan con la fauna y la flora locales. Los patos para el control de plagas ya representan una poderosa baza de la permacultura, pero además aportan fertilizante.

Los desechos de los patos son ricos en nitrógeno, lo que aporta a tu suelo los nutrientes que tanto necesita para reponerse con cada cosecha. El macronutriente nitrógeno es crucial para que las plantas desarrollen aminoácidos, los componentes básicos de las proteínas que contribuyen al crecimiento. Por lo tanto, el nitrógeno ayudará a tus plantas a crecer más rápido y más grandes. Muchos agricultores utilizan fertilizantes nitrogenados artificiales, que están correctamente formulados para ayudar al crecimiento de las plantas. Sin embargo, estos fertilizantes artificiales tienden a centrarse en aportar nutrientes a las plantas en lugar de reponer el suelo. Utilizar un abono nitrogenado natural como los desechos de pato resulta más eficaz a largo plazo.

El mejor entorno para los patos es una marisma pantanosa con un estanque u otra fuente de agua. Como los patos pasan mucho tiempo en el agua, la escorrentía puede incorporarse a un sistema de riego con fertilizante combinado con el agua. Un estanque con patos puede ayudarte a ahorrar en la factura del agua y puede ser un método más sostenible de regar una granja. Una fuente de agua con patos crea un sistema vivo que contribuye beneficiosamente a la biodiversidad de tus tierras.

La carne de ave también se ha utilizado como forma de fertilizar el suelo. En muchas partes del mundo occidental, los despojos de las aves no se consumen o se convierten en carne procesada, como nuggets o salchichas. En una granja, una forma creativa de utilizar los despojos es enterrarlos bajo el suelo y plantar encima. De este modo se devuelven los nutrientes al suelo. En este proceso de fertilización se pueden utilizar partes no comestibles del pato, como el pico y las patas.

Muchas razas de patos pueden ser agresivas y picar a las personas cuando se sienten amenazadas. Sin embargo, algunas razas son muy dóciles. Estas razas más tranquilas son perfectas como mascotas, sobre todo con niños. Los patos son aves inteligentes a las que se pueden enseñar trucos y órdenes. Como animales de compañía, se les puede adiestrar para que acepten mimos y formen un fuerte vínculo como miembros de la familia. Tener un pato como mascota te permite obtener los beneficios de los fertilizantes y el control de plagas sin tener que sacrificar al animal si no te sientes cómodo con ello. Tanto si eres vegano como carnívoro, los patos pueden ser el complemento perfecto para tu granja, jardín o pequeña explotación.

Bienvenido al mundo de la cría de patos

Al explorar los beneficios de la cría de patos, habrás dado un importante paso adelante para descubrir la gran satisfacción que yace en la cría de patos. A medida que críes a tus patos desde polluelos hasta la edad adulta y observes su evolución, no podrás evitar sentir un cierto parentesco con el animal. Los patos son sociables, inteligentes y emocionales, por lo que es fácil establecer una estrecha relación con ellos. Su robusta personalidad y su ternura tocarán sin duda tu fibra sensible y te dejarán un sinfín de anécdotas.

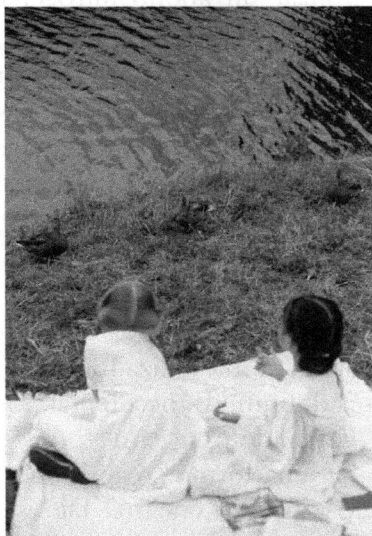

Los patos son sociables, inteligentes y emocionales, por lo que es fácil establecer una relación estrecha con ellos
https://www.pexels.com/photo/children-sitting-on-a-picnic-blanket-10652690/

La belleza de la cría de patos está en el proceso de tener paciencia hasta tu inevitable recompensa. La carne, los huevos o la compañía que obtengas evitarán la disonancia cognitiva si tomas el camino informado de la cría de patos. Adoptar un método de cría de patos respetuoso con el medio ambiente y sin crueldad puede suponer un esfuerzo emocional, económico y de realización social sin sentimiento de culpa. Si aún te estás preguntando si deberías criar patos cuando dispongas de espacio y tiempo, la respuesta es ¡hazlo! Los patos pueden ser la mejor opción para tener una mascota adorable y ganado cuando sopesas los pros y los contras de criar diferentes animales. Su resistencia, que requiere poco cuidado, los convierte en un estupendo proyecto para comenzar a criar animales. Además, su originalidad y belleza te mantendrán entretenido y atento a sus simpáticas patitas palmeadas. Nunca ha habido mejor momento para empezar a criar patos que ahora mismo, así que continúa leyendo y prepárate para iniciar este gratificante viaje.

Capítulo 2: Comprender el comportamiento de los patos

Si has tenido una mascota, sabrás lo importante que es establecer una relación con ella. Toda relación sólida requiere una comunicación sana. Pero los animales no se comunican como los humanos. Debido a sus capacidades cognitivas y su intelecto poco desarrollados, junto con sus cuerdas vocales menos evolucionadas, los animales no pueden hablar como los humanos, y nunca podrán hacerlo, al menos no en un futuro próximo. Pero eso no significa que no puedan comunicarse.

La mayoría de los dueños de perros han aprendido a relacionar distintos tipos de ladridos con diferentes estados de ánimo. Por ejemplo, ¿sabías que un quejido agudo suele indicar ansiedad? En los gatos, el tipo de "maullido" que más se oye (tono moderado, grito medio-largo) suele significar que quieren algo.

La comunicación verbal no es la única forma de entender a los animales. Su comportamiento y sus acciones pueden interpretarse a menudo como algo comprensible. Por ejemplo, te habrás dado cuenta de que una vaca suele dejar que su cola cuelgue libremente. Eso casi siempre significa que se sienten seguras. Cuando está tensa y metida entre las patas, puede indicar que está enferma o ansiosa.

¿Los patos, en cambio, muestran un comportamiento comunicativo? La buena noticia es que sí. Aunque obviamente no podrás conversar con ellos, sí podrás entender sus sonidos, diferenciar entre varios ruidos y comprender su estructura social para interpretar mejor su comportamiento.

La comunicación de los patos

Los patos se comunican principalmente de forma vocal. A veces, también utilizan el lenguaje corporal para expresar lo que quieren. Si eres capaz de captar sus señales de comportamiento, estarás en el buen camino para establecer una buena relación con ellos.

Comunicación vocal y sonidos únicos

El sonido más común que hace un pato, algo que habías aprendido en primaria, es el "graznido". Los perros ladran, los gatos maúllan y los patos graznan. ¿Sabes que los distintos tipos de graznidos significan cosas diferentes? Aparte del graznido básico, los patos también emiten una amplia gama de sonidos, desde un manso chillido hasta un formidable ladrido. Por regla general, cuanto más fuerte es el sonido, más importante es el mensaje.

Los patos se comunican principalmente de forma vocal
© *Marie-Lan Nguyen, CC BY 2.5 DEED <https://creativecommons.org/licenses/by/2.5/>*
Wikimedia Commons:
https://commons.wikimedia.org/wiki/File:Anas_platyrhynchos_quacking_Jardin_des_Plantes_Paris_2013-04-22.jpg

- **Graznido:** Cuando escuchas un fuerte graznido, generalmente puedes deducir que hay patos cerca. Sin embargo, no todos los patos producen ese sonido. Sólo las hembras (pata) de los patos Mallard pueden generar ese sonido por excelencia.

Además, no todos los graznidos significan lo mismo. La interpretación más común de un graznido fuerte es la de una mamá pato llamando a sus patitos. También puede ser una llamada a su pareja macho (pato) para aparearse. Cuando oyes graznar a un solo pato en medio de una bandada, es probable que esté reclamando a un pato macho.

Los patos nocturnos no suelen hacer mucho ruido. Dado que los patos son principalmente diurnos, los nocturnos entienden que no deben molestar a la mayor parte de su bandada dormida con ruidos innecesarios. Por eso, cuando graznan por la noche, suele ser una señal de advertencia de que hay un depredador cerca.

Si los patos mascota graznan mucho a tu alrededor, puede significar que están entusiasmados por verte y deseosos de jugar contigo. Pero no te metas todavía en su espacio. Comprueba si están a punto de poner huevos, porque también suelen graznar mucho.

- **Bocinazo:** Es otro sonido que se oye con frecuencia entre los patos. De nuevo, es más común entre las hembras de muchas razas. Normalmente implica que está intentando dar a conocer su posición a su pareja, sobre todo si están muy separados en un terreno desconocido (no cuando están en una gran multitud de patos).

El graznido tipo bocina en una bandada de patos puede significar lo mismo que el graznido: han seleccionado a su pareja. También puede significar que han detectado un depredador en las inmediaciones (independientemente de la hora del día o de la noche).

- **Siseo:** Los siseos de los patos no suelen ser tan continuos como los de las serpientes. Son más graves y granulados, con bastantes pausas entre ellos. Se sabe que tanto los machos como las hembras de muchas especies producen este sonido, sobre todo cuando tienen miedo de algo. Se trata más bien de una conversación susurrada, un murmullo aprensivo, de la misma forma que tú puedes comunicarte con tus amigos cuando alguien te amenaza para que te quedes callado.

- **Ronroneo:** Al igual que los gatos, los patos también ronronean, a menudo por la misma razón. Tu pato mascota puede empezar a ronronear mientras lo acaricias, lo que implica que le gusta y quiere que sigas haciéndolo.

- **Gruñido:** Igual que tu estómago gruñe cuando tienes hambre, los patos gruñen cuando quieren comida. Es más un gruñido aprensivo y grave que el ladrido peligroso de un perro. Ten preparado un cuenco de avena o alpiste para cuando emitan este sonido.

Otros sonidos únicos que emiten los patos son silbidos, gemidos, chirridos, graznidos, suspiros e incluso ululatos como los de los búhos. Pero estos sonidos son menos frecuentes entre los patos domésticos.

Lenguaje corporal y señales conductuales

Aunque los sonidos sean la forma más importante de comunicación con tus patos, entender su lenguaje corporal les sigue de cerca. Cuando soplan burbujas en el estanque, su aspecto es increíblemente adorable, pero ¿hay un significado más profundo en ese acto? ¿Qué significan todas sus pequeñas señales de comportamiento, como inclinar la cabeza en momentos extraños?

- **Caminar uno detrás del otro:** Lo habrás observado a menudo. Cuando una familia de patos camina por tierra, lo hace en línea recta, uno detrás de otro. A diferencia de los humanos y muchos otros animales, no suelen caminar uno al lado del otro. En los patos, este comportamiento demuestra que confían los unos en los otros. El que lidera la bandada guía al resto en su camino mirando al frente. Los patos que van detrás del líder tienden a mirar a cualquier parte menos al frente para asegurarse de que su grupo no sea sorprendido por los lados o por detrás.

- **Dormir con un ojo abierto:** Si tienes un par de patos y unos cuantos patitos, te habrás dado cuenta de que los adultos suelen dormir con un ojo abierto. En realidad están dormidos, pero la mitad de su cerebro está alerta con su único ojo abierto, vigilando en busca de depredadores.

Los patos vigilan a los depredadores mientras duermen con un ojo abierto
https://www.pexels.com/photo/close-up-photography-of-ducks-1024501/

- **Soplar burbujas:** Te parecerá adorable que tus patos hagan burbujas en el estanque. No es que se diviertan, sino que se quitan la suciedad o los restos que se les han quedado atascados en los orificios nasales.

- **Mirar con la cabeza inclinada:** ¿Tus patos te miran fijamente con la cabeza inclinada hacia un lado? No te preocupes, no están asustados. Están observando a través de su visión periférica en busca de depredadores o comida.

- **Mover las plumas de la cola:** Al igual que un perro muestra su excitación o felicidad moviendo la cola, los patos muestran estas emociones de la misma manera. Si mueven la cola cuando te acercas, significa que se alegran de verte. Por otro lado, puede que simplemente hayan salido del estanque y se estén secando. En ese caso, es posible que también se acicalen las plumas del resto del cuerpo, distribuyendo uniformemente los aceites esenciales.

- **Cavar agujeros en charcos de barro:** Esta es una de las formas en que los patos hacen buen uso de sus largos picos. Han aprendido por experiencia que los charcos de barro suelen tener bichos y otros insectos bajo la superficie del fondo. Solo están buscando comida.

El acto de imprimir

¿Sabías que puedes hacer que los patitos confíen en ti sin hacer nada? Poco después de salir del cascarón, un patito aprende a confiar en la persona a la que más ve. Este proceso se llama impronta. Los bebés humanos tardan unos meses, o incluso años, en tomar la impronta de sus madres. Un patito confía rápidamente en su madre o en sus congéneres (a los que más ve), ¡y en menos de una hora!

También te encantará saber que los patitos pueden tomar tu huella. Coloca los huevos en una incubadora y espera a que eclosionen. En cuanto se abran y el patito se asome, haz que lo primero que vea sea tu cara. Quédate con él una o dos horas y deja que te siga viendo. Acarícialo, acarícialo o manipúlalo, e incluso si puedes, háblale.

Los patitos confían rápidamente en su madre o en sus congéneres (a los que más ven), ¡y lo hacen en menos de una hora!
https://unsplash.com/photos/8hhJLsUHULE

No sabrás de inmediato si el patito se ha fijado en ti. Cuando crezca y empiece a mostrar alguno de los comportamientos de excitación mencionados anteriormente cuando te acerques (como mover las plumas de la cola), entonces podrás estar seguro de que lo has logrado. ¿Deja el pato que lo manipules y cuides fácilmente cuando está enfermo? Sólo entonces podrás estar completamente seguro de que confía en ti.

Estructura social de las bandadas de patos

Los patos tienen una estructura social en sus bandadas. Esto los ayuda a reducir los conflictos internos y a vivir en armonía unos con otros. Incluso si llegan a un conflicto, el líder de la bandada se asegura de que se resuelva o de que se llegue a un compromiso.

Jerarquía social

La jerarquía social de los patos se basa en el aspecto físico. Cuanto más fuerte parece un pato, más arriba se sitúa. La edad no es un factor determinante. Un patito que acaba de madurar y se ha convertido en un pato sano de rasgos elegantes puede empezar a liderar una manada de otros patos más experimentados.

El orden jerárquico es más común en las hembras. ¿Sabías que la pata líder de la manada siempre pone primero sus huevos? Las demás patas tienen que esperar a que las que ocupan puestos más altos en la escala social hayan depositado sus huevos en el nido. A veces, una bandada mejor organizada puede colocarse una encima de la otra con la líder en la cima y poner sus huevos uno a uno (la de arriba primero). Así, si un depredador está al acecho, pueden proteger sus huevos juntas. Además, puede ser la forma que tiene la hembra líder de enfatizar su liderazgo.

Los drake también tienen una jerarquía social, que puede observarse cuando se aparean. Si tienes varios patos y una sola pata, te habrás dado cuenta de que se aparean individualmente. El primer pato que se aparea suele ser el más fuerte y el líder de la bandada.

Los patos también tienen un orden jerárquico cuando comen. La próxima vez que dejes un cuenco de comida cerca de su zona de anidamiento, espera un rato y obsérvalos comer. Rara vez se apiñarán alrededor del cuenco. Los primeros patos que acudan a comer serán los líderes de la bandada, seguidos de los siguientes en la jerarquía.

Si los observas todos los días, te darás cuenta de que el último grupo de patos (el de menor orden) nunca pasa hambre. Esto se debe a que los patos pueden evaluar muy bien la cantidad de alimento y distribuirlo uniformemente entre toda la bandada.

Coqueteo y apareamiento

Es una delicia ver a los patos coquetear entre sí. Incluso puedes aprender un par de cosas. Los hábitos de cortejo de los patos no difieren de los de los humanos. ¿Te has fijado alguna vez en los patos que salen del agua empapados y hacen ostentación de sus plumas de felpa erizándolas al sol? ¿Cuántas veces has visto a hombres hacer lo mismo al salir de una piscina pública, alborotándose el pelo mientras exhiben sus cuerpos?

Las hembras suelen asentir con la cabeza. Cuando ellas también se aplastan, panza abajo, en el agua, es una invitación para que el macho la monte. Si la hembra no aprueba al macho, éste puede recurrir a otras técnicas de coqueteo, como recoger agua con el pico y lanzársela a la hembra.

Los patos pueden aparearse tanto en el agua como en tierra. Se sienten más cómodos en el agua porque la flotabilidad permite le a la pata desplegarse con mayor libertad. Es cierto que la inestabilidad del agua puede hacerlos perder el equilibrio durante la cópula, pero el pato se agarra al cuello de la gallina con el pico para no caerse.

Ducks are able to mate in the water as well as on land
https://pixabay.com/photos/ducks-birds-animals-mating-6384735/

El acto de apareamiento en sí no es tan elegante como podrías pensar. Los no iniciados pueden tener la sensación de que sus patos se pelean, con el macho intentando atrapar a la hembra. A veces, varios patos pueden converger en una sola pata, y ninguno de ellos resulta herido en el proceso. Así es su ritual de apareamiento. No son monógamos.

Los machos son los más amorosos. Un drake tendrá una hembra, que valora por encima de los demás. La alimentará, cuidará e incluso pasará más tiempo con ella. Eso no le impedirá aparearse con otras hembras cercanas. Los drakes son como los reyes y emperadores de antaño, que se casaban con la reina de su corazón, pero también tenían varias amantes.

En cambio, una hembra de pato sólo tiene un macho romántico a la vez (puede tener varios a lo largo de su vida). Sin embargo, otros patos son libres de aparearse con ella si lo desean, aunque la hembra no sienta ningún deseo por ellos. El consentimiento no forma parte de su relación, pero no te sientas mal. Así es como viven.

Problemas comunes de comportamiento y sus soluciones

Los patos son seres vivos con problemas de salud y comportamiento, como cualquier otro animal. Debido a su inteligencia relativamente avanzada y a su alto cociente emocional, también suelen tener problemas psicológicos. No suelen guardarse las cosas en su interior. Sus problemas suelen reflejarse en su comportamiento. Los más comunes son:

Vocalizaciones extrañas

¿Tu ave acuática emite un sonido extraño? Intenta relacionarlo con alguna de las voces mencionadas en la sección "Comunicación de los patos". Si no se trata ni del común graznido ni del rarísimo ululato, el pato puede estar tratando de expresar un problema de salud, como una infección. ¿El sonido es grave o ronco? Puede estar intentando alertar de la presencia de un depredador. En cualquier caso, si se trata de una infección, debes llevarlo al veterinario para asegurarte de que los demás patos no se contagien.

Baja frecuencia o calidad en los huevos

¿Tu pato madre pone huevos con poca frecuencia (digamos, no más de una o dos veces por semana)? Independientemente de la frecuencia, ¿los huevos puestos son de mala calidad (parecen podridos o malos)? Es un problema común durante el invierno, que puede evitarse fácilmente aumentando la cantidad de su comida. Los patos tienden a gastar más energía cuando hace frío para mantener su temperatura corporal bajo control. Por eso, necesitan más comida en inviernos especialmente duros, para mantener altos sus niveles de energía.

Comer en exceso

Los humanos tienden a comer en exceso en momentos de estrés. Los patos, en cambio, pueden comer en exceso por culpa de los humanos. En realidad, depende de la dieta que les des. Si les das mucho pan y comida basura, pueden tener problemas de salud. Limítate a los cereales o la avena. Si no los tienes almacenados, deja que busquen por sí mismos durante un tiempo. Puede que sus problemas de salud se esfumen. Si persisten, acude al veterinario.

Autolesiones

¿Tu ave se arranca a menudo las plumas? ¿Se rasca hasta ensangrentarse la piel? ¿Tiende a hacerse daño de alguna manera? Está mostrando un comportamiento antisocial debido al aumento del estrés. ¿Mantienes al pato aislado de su familia? ¿Tienes un solo pato? Los patos son animales sociales por naturaleza, y cuando no tienen la oportunidad de interactuar con sus compañeros o patitos, pueden empezar a hacerse daño a sí mismos. Reúnelo con su familia o trae nuevos patos al grupo.

Si el pato se autolesiona mientras está presente en un grupo, puede estar infectado por un parásito. Llévalo inmediatamente al veterinario.

Acciones repetitivas

¿Tu pato muestra un comportamiento repetitivo, como ir de un lado a otro o dar vueltas en la misma zona? Es otro indicio de estrés. Puede deberse al aislamiento de la bandada. O bien, ¿están tus patos confinados en un espacio congestionado? Están acostumbrados o han evolucionado para vivir libres y sin obstáculos en la naturaleza. Necesitan mucho espacio para garantizar la estabilidad de su salud mental.

Déjalos vagar de vez en cuando por tu jardín. Los patos se llaman aves acuáticas por algo. Si no dispone de piscina o estanque privado, llévalos a una piscina del vecindario (¡siempre que el propietario esté de acuerdo en que los patos salten dentro!). La falta de actividad sexual también podría ser una de las principales causas de estrés, así que asegúrate de que cada pato tenga una hembra con la cual aparearse.

Capítulo 3: Elegir la raza adecuada de pato

Los patos son una fantástica incorporación a tu granja y pueden prosperar de forma independiente y junto a las gallinas. Si alguna vez has criado aves de corral, sabrás lo mucho que te gusta, y criar patos es una experiencia igual de gratificante. Los patos disfrutan explorando la granja o el corral, como las gallinas, y comparten el apetito por darse un festín de insectos, incluidos los más grandes, como babosas y saltamontes, lo que los diferencia de sus congéneres emplumados.

El mundo de los patos cuenta con una gran variedad de razas y, para quienes se inician en la cría de patos, la elección de la raza adecuada puede resultar intimidante. En este capítulo pretendemos simplificar el proceso ofreciéndote información sobre las distintas razas de patos. Profundizaremos en sus características distintivas, sus requisitos específicos y los aportes únicos que pueden hacer a tu granja. Además, profundizaremos en los puntos fuertes y débiles de cada raza, como su temperamento, su capacidad de producción de huevos, su tamaño, su habilidad para buscar comida y su adaptabilidad a las distintas condiciones climáticas. Esta completa guía te aportará los conocimientos necesarios para tomar decisiones con conocimiento de causa a la hora de elegir y cuidar tus patos.

Las diversas razas de patos

Encontrar la raza de pato ideal empieza por comprender claramente cuáles son tus objetivos y necesidades específicas. La elección de la raza de pato debe estar en consonancia con el propósito que tienes en mente. He aquí algunas preguntas cruciales para guiarte en la toma de tus decisiones:

1. **Determina tu propósito:** ¿Qué papel imaginas para tus patos?
   - ¿Te interesa principalmente la producción de huevos?
   - ¿Buscas una raza de patos famosa por su rendimiento cárnico?
   - ¿Buscas unos encantadores compañeros de patio capaces de controlar las plagas?
   - ¿Te interesan los patos conocidos por su habilidad para buscar comida, su naturaleza sociable o su comportamiento tranquilo?
   - ¿La conservación de las razas patrimoniales es una prioridad, lo que te lleva a considerar razas clasificadas como amenazadas o críticas?

2. **Considera otros factores:** Más allá de tu objetivo principal, piensa en otros factores importantes para ti:
   - **Tamaño:** Las razas más grandes pueden ofrecer una mejor protección contra los depredadores aéreos.
   - **Atractivo estético:** ¿Buscas razas de patos visualmente llamativas?
   - **Capacidad de cría:** Si la cría forma parte de tu plan, considera una raza que destaque en la crianza de patitos.

3. **Evalúa tu compromiso:** Determina el nivel de esfuerzo que estás dispuesto a invertir en el cuidado y mantenimiento de la raza de patos que has elegido:
   - ¿Estás preparado para recoger huevos con regularidad?
   - ¿Puedes ocuparte de las necesidades de las razas más grandes, incluida la incubación en caso de ser necesario?
   - Si prefieres patos parlanchines, ¿estás preparado para una comunicación continua con ellos?

Una vez que hayas determinado lo que puedes ofrecer y tus objetivos principales, estarás mejor equipado para identificar la raza de patos más adecuada para tu granja o estilo de vida. Ten en cuenta que la mejor raza para ti es la que se ajusta a tus requisitos específicos.

Las mejores razas de patos

Corredor Indio

El pato corredor indio es uno de los más singulares del mundo. Es una raza de pato doméstico de aspecto inusual.

El Corredor Indio cuenta con una de las fisonomías más singulares del mundo de los patos
Bjoern Clauss, CC BY-SA 2.5 <https://creativecommons.org/licenses/by-sa/2.5>, via Wikimedia Commons: https://commons.wikimedia.org/wiki/File:Runner-ducks.jpg

Características

Pertenecen a la categoría de patos domésticos ligeros. Tienen el cuello largo, la cabeza delgada y el cuerpo esbelto. Su largo cuello les ha valido el calificativo de "botella de vino". Debido a su cuello más largo, sus ojos están colocados en alto, con un pico recto. Sus patas están colocadas muy por detrás de la parte posterior del cuerpo, lo que las diferencia de otras razas de patos. Un corredor indio puede correr y al mismo tiempo arrastrar los pies rápidamente debido a la posición de sus patas y a la forma de su cuerpo.

Cuando están agitados, se mantienen totalmente erguidos. Normalmente, tienen un 45 - 75% de porte por encima de la vista. Desde la coronilla hasta la punta de la cola, la altura de la hembra pequeña es de 20 a 26 pulgadas, mientras que la del macho más alto es de unas 70 pulgadas.

La punta de la cola de la hembra está un poco enroscada, mientras que la de los patos es plana. Es posible que no se note la diferencia entre las hembras y los machos hasta que ambos maduren.

En comparación con otras razas, tienen 14 variedades de color, como trucha y blanco, leonado, ánade azulón, plateado, albaricoque oscuro, chocolate, azul Cumberland, negro, albaricoque trucha, azul, azul trucha, azul oscuro, marrón claro, marrón oscuro. Ocho variedades de corredores están registradas en el American Standard of Perfection, e incluyen el gris, el azul Cumberland, el chocolate, el pulido, el negro, el pincelado, el blanco y el original leonado y blanco.

Los patos tienen un peso corporal medio de 1,4 a 2 kg, mientras que el peso corporal de las patas es de 1,6 a 2,3 kg de media.

Necesidades

Los Corredores Indios no necesitan una dieta ni un espacio vital especiales. Sólo necesitan un espacio propicio con un lugar para dormir, agua limpia, lecho limpio y comida normal para aves de corral para mantenerse felices y sanos. A diferencia de otras razas de patos, los Corredores Indios necesitan menos agua. Una bañera de agua en la que sumergir la cabeza es suficiente.

Valor único

Los patos Corredores Indios son magníficos buscadores de comida y grandes productores de huevos. También son buenos para controlar las plagas.

Temperamento

Los Corredores Indios son dóciles y amistosos. Se llevan bien con otras mascotas como perros y gatos. Sin embargo, se vuelven muy agresivos cuando protegen a sus pequeños o cuando perciben peligro y se sienten amenazados.

Producción de huevos

Los corredores indios son conocidos por su capacidad para poner huevos. Ponen entre 300 y 350 huevos al año. Como mínimo, ponen de 5 a 6 huevos a la semana. Los huevos que ponen los corredores indios son grandes y de color verde pastel. Son muy apreciados por su sabor, que los hace excelentes para hornear.

Habilidad recolectora

Los Corredores Indios son buscadores de comida independientes que disfrutan cazando aperitivos ocultos como insectos, caracoles, babosas y semillas.

Adaptabilidad

Pueden adaptarse a todos los climas, incluso a los extremadamente cálidos o fríos. Su producción de huevos puede reducirse cuando hace frío, pero no cesa. Sea cual sea la rusticidad de los patos, hay que tomar precauciones durante el clima riguroso para garantizar que tengan acceso a agua limpia y sombra. Además, el corral debe estar bien ventilado en todo momento.

Khaki Campbell

Si buscas un pato apto para principiantes y capaz de poner más huevos, el Khaki Campbell es el tuyo. El Khaki Campbell es originario de Inglaterra y se introdujo al mundo alrededor de 1898. La Sra. Adele Campbell de Uley, Gloucestershire, Inglaterra, creó los patos Khaki Campbell. Como criadora de aves de corral, compró un Corredor Indio, que cruzó con el Rouen y otros patos silvestres, dando como resultado el Khaki Campbell.

Si buscas un pato apto para principiantes y capaz de poner más huevos, el Khaki Campbell es tu pato ideal

Características

Es muy fácil confundir un pato azulón típico con un pato Khaki Campbell. El Khaki Campbell tiene el cuello largo y el cuerpo en forma de barco. Sus plumas y alas son de color caqui claro u oscuro. Dependiendo del sexo del pato, un pato Khaki Campbell puede tener un pico negro o verde con patas de color naranja oscuro a marrón. Las hembras del pato Khaki Campbell suelen tener rasgos oscuros, como plumas de color caqui, mientras que los machos tienen rasgos claros, como alas y plumas de color caqui claro.

En un Khaki Campbell, observarás rizos de color blanco en el pecho del pato. Estos patos tienen hermosas plumas y la gama de colores de su piel va del blanco al amarillo, según el tipo de alimento que se les dé. Los patos Khaki Campbell son conocidos por ser patos de tamaño medio, con un peso que nunca supera las 4,5 libras, tanto para los machos como para las hembras.

El peso medio de las hembras es de 3,5 a 4 lbs., mientras que el de los machos es de 4 a 4,5 lbs. En cuanto a la altura, ambos miden una media de 1,5 a 2 pies.

Necesidades

Los patos Khaki Campbell no necesitan una dieta especial. Como patitos, puedes alimentarlos con un alimento no medicinal de iniciación para polluelos. Cuando tengan 3 meses, puedes alimentarlos con comida para aves de caza, pollos o aves acuáticas. Debido al riesgo potencial de asfixia, no se recomienda alimentar a los patos con comida para rayar. Sin embargo, las variedades de pellets de alimento para pollos y las migas son conocidas para alimentar a las razas domésticas de patos. Si el pato Khaki Campbell está en un corral, procura alimentarlo con granos para que pueda digerir la comida sin problemas.

Valor único

La mayoría de la gente cría patos Khaki Campbell principalmente por su capacidad para poner huevos. Es una raza que encaja en la cría comercial de patos por su popularidad como uno de los mejores patos ponedores. Esta raza también es utilizada para la producción de carne. Son unos excepcionales buscadores de comida y comen de todo, incluso las plagas de invertebrados que encuentran. Son los guardabosques de tu patio y jardín, que se encargarán de todo lo que pueda picar o causarle picores a tu familia o amenazar tus cultivos.

Temperamento

Los patos Khaki Campbell son fuertes, robustos y activos. Son tranquilos, amistosos y pasivos cuando se los cría con las manos hasta la madurez, independientemente de la idea errónea de que son asustadizos o de comportamiento huidizo.

Producción de huevos

El punto fuerte de este pato es que puede poner hasta 300 huevos al año, de 4 a 6 huevos blancos de tamaño mediano por semana. Es muy apreciado por su doble función, ya que puede producir tanto huevos como carne. Empiezan a poner huevos a partir de las 21 semanas de edad.

Habilidad recolectora

Esta raza tiene una excelente capacidad para buscar comida y debe dársele espacio para vagar. No se comportan bien cuando están confinados.

Adaptabilidad

Los patos Khaki Campbell pueden sobrevivir en cualquier clima gracias a su naturaleza resistente al frío.

Patos Pekín

Aunque antigua, el Pekín Americano es un pato de doble propósito muy conocido por su producción de carne y huevos. Esta raza se encuentra actualmente en muchos países y es una de las más conocidas con fines comerciales. La razón principal por la que se llama Pekín Americano es para diferenciarlo del Pekín Alemán.

El Pekín Americano es un pato de doble propósito muy conocido por su producción de carne y huevos

Características

El pato Pekín Americano es hermoso a la vista. Tienen el cuello y el cuerpo largos, la piel amarilla y el pecho grande. El color de sus plumas es blanco cremoso o blanco. Su pico es amarillo y sus patas son de color amarillo anaranjado o rojizo. Su lomo está volcado y su postura es más vertical que la de los patos moñudos. Si observas de cerca a estos patos, verás que sus ojos tienen el iris de color azul grisáceo. El peso de un pato Pekín es de 8 a 12 libras.

Necesidades

Los pekines necesitan un espacio limpio que los proteja de la lluvia y el viento, una valla para mantenerlos contenidos y acceso a agua y comida. Debido a su limitada capacidad de vuelo, la valla debe ser baja. Los pekines disfrutan tanto de la comida natural como de la comercial. Si se les da acceso en libertad, pueden comer su comida favorita de la naturaleza. En las granjas de producción comercial, se suele alimentar a estos patos con alimentos comerciales. Los patitos pueden alimentarse con alimento inicial para polluelos.

Valor único

Los patos Perkins desempeñan funciones de doble propósito. En Estados Unidos se crían para la producción de carne. La carne de pato que se consume en Estados Unidos es en un 95% de pato Perkins. Esta raza también es perfecta para la producción de huevos. Puede darte un promedio de 200 huevos de color blanco al año.

Temperamento

Los patos Perkins son inteligentes, no son agresivos y son muy amistosos. Quienes los crían como mascotas o como aves de huevos pueden acariciarlos de vez en cuando. A los patos les gusta que los toquen. Puedes tumbarlos boca abajo en tu regazo y acariciarles el vientre.

Producción de huevos

Las Pekín pueden producir una media de 200 a 300 huevos grandes al año. Cuando una hembra Pekín tiene entre 5 y 6 meses, empieza a poner huevos.

Producción de carne

Esta es la principal razón por la que los patos Pekín son criados en Estados Unidos. El 95% de la carne de pato que consume el estadounidense promedio es carne de pato Pekín. La carne es rica en proteínas y tiene un delicioso sabor. No tiene la textura ni el sabor grasiento de otras carnes de pato. A las 6 semanas de vida, un Pekín, que pesa alrededor de 6 libras, está listo para ser desollado. El peso promedio de un Pekín grande es de 9 a 11 libras cuando alcanza las 12 semanas de edad. El mayor peso de los patos Pekín es una de las principales razones por las que se crían por su carne.

Habilidad recolectora

Son excelentes buscadores de comida, ya que pueden forrajear la mayor parte de su dieta.

Adaptabilidad

Gracias a su naturaleza robusta y a un sistema inmunitario fuerte y resistente, los patos Pekín pueden adaptarse a cualquier clima.

Patos Muscovy

El pato Muscovy es una conocida raza de pato doméstico grande originaria de Norteamérica que se encuentra en estados como Massachusetts, Florida y Hawái. Es la única raza domesticada no obtenida del pato Mallard.

El pato Muscovy es una raza de pato doméstico grande muy conocida

Fredricx, CC BY-SA 4.0 <https://creativecommons.org/licenses/by-sa/4.0>, via Wikimedia Commons: https://commons.wikimedia.org/wiki/File:Muscovy_ducks_outside.jpg

Características

El pato Muscovy es una raza única que puede verse a kilómetros de distancia debido a su inconfundible aspecto. Su cuerpo es pesado, grueso y fuerte. Sus patas son anchas y palmeadas, lo que les permite balancearse. Los patos Muscovy, al igual que los pavos y los gansos, tienen marcas irregulares en la cara parecidas a la piel. Además, su pico es largo e inclinado.

El macho y la hembra alcanzan la misma altura. Su estatura oscila entre 26 y 33 pulgadas, mientras que su envergadura es de 54 a 60 pulgadas en función de la altura del pato.

El peso del pato Muscovy fluctúa, sobre todo en la edad adulta, en función de su hábitat y de los alimentos que consume. El peso promedio del pato es de entre 4,6 y 6,8 kg. Aunque los grandes patos domesticados llegan a pesar hasta 8 kg, los patos comunes pesan 5 kg.

Necesidades

Los patos deben estar protegidos de los depredadores y otros elementos. Asegúrate de que el refugio esté bien ventilado para evitar problemas respiratorios y sea lo bastante grande para que puedan moverse libremente.

A los patos Muscovy les gusta posarse y encaramarse, así que prepara perchas de madera o metal colocadas a distintas alturas en el refugio. Coloca una caja nido en el refugio para que las hembras puedan poner sus huevos. Como necesitan acceso al agua, construye su refugio cerca de una fuente de agua, un estanque, un plato grande de agua o un estanque poco profundo.

Aliméntalos con alimentos comerciales y complementa su dieta con frutas, verduras y hortalizas.

Valor único

Por su naturaleza versátil, los patos Muscovy tienen beneficios que van desde los animales de compañía hasta la producción de alimentos y los usos agrícolas. Se crían sobre todo por su producción de carne y huevos. Este pato es útil para controlar plagas, hacer compost y como animal de compañía.

Temperamento

Los patos Muscovy son cariñosos y amistosos como animales de compañía. Agradecen la atención tanto de sus dueños como de los invitados porque no se asustan ni se sienten amenazados fácilmente por la presencia de personas.

Producción de huevos

Estos patos no son grandes productores de huevos. Pueden poner entre 80 y 120 huevos al año e incubar y criar cuatro parejas de patitos

Muscovy al año. Sus huevos son mucho más grandes que los de otras razas y más sabrosos que los de las gallinas, lo que los convierte en una de las mejores opciones para cocinar.

Producción de carne

Aquí es donde más prosperan los patos Muscovy. Su carne es muy sabrosa y tierna en comparación con la de vaca y ternera. La carne de la pechuga es magra y la piel contiene menos grasa que la de otras razas de patos.

Habilidad recolectora

Su capacidad para buscar comida es excelente. Pueden buscar comida con facilidad si se les da espacio, lo que los convierte en una excelente opción para el control de plagas.

Adaptabilidad

Este pato puede adaptarse a cualquier clima gracias a su naturaleza resistente y a su capacidad para volar.

Patos Aylesbury

El pato Aylesbury es un pato rosado cuya finalidad principal es la producción de carne. Se lo considera un ave de traspatio/ornamental por su bello aspecto y su carácter amistoso. Es una raza doméstica del Reino Unido. Se desarrolló en Aylesbury (Buckinghamshire, Inglaterra) a principios del siglo XVIII.

El pato de Aylesbury es considerado un ave de traspatio/ornamental por su bello aspecto y su carácter amistoso

Jim Linwood, CC BY 2.0 <https://creativecommons.org/licenses/by/2.0>, via Wikimedia Commons: https://commons.wikimedia.org/wiki/File:Aylesbury_Ducks.jpg

Características

El Aylesbury es una raza de patos de gran tamaño. Tiene la piel y un plumaje blancos y espeso que lo distingue de otras razas domésticas. Tienen un porte horizontal y un cuerpo alargado. Su quilla es recta, profunda y casi toca el suelo. El Aylesbury tiene un pico largo y recto, de color blanco rosado, con patas y pies de color naranja. Tiene el cuerpo en forma de barco debido a la ubicación de las patas a medio camino del cuerpo, y se para paralelo al suelo. Tienen el cuello largo y delgado como el de un cisne y los ojos de color azul grisáceo oscuro.

Los patos Aylesbury son de dos tipos: el de exhibición y el utilitario. El tipo de exhibición tiene una quilla profunda, lo que dificulta su apareamiento natural. El utilitario tiene una quilla más pequeña, lo que le permite aparearse con éxito de forma natural. El peso promedio de los patos Aylesbury es de unos 5 kg, mientras que el de los patos es de 4,5 kg.

Necesidades

El Aylesbury necesita alimentos con muchos granos, como cebada, trigo, etc., y alimentos proteínicos, como harina de pescado. Además, necesita agua limpia, así que coloca un recipiente en su recinto. Mejor aún, puedes dejarlos en libertad alrededor de estanques y otras fuentes de agua, ya que disfrutan del follaje.

Valor único

El Aylesbury es criado principalmente para la producción de carne. Los Aylesbury son grandes compañeros si buscas una mascota amistosa y fácil de cuidar. Son estupendos para espacios pequeños y pueden aportar belleza a tu jardín. Estos patos te harán sonreír entreteniéndote con cómo se persiguen constantemente. Estos patitos protegen contra los mosquitos, ya que se destacan en el control de los mosquitos en el patio trasero o el jardín. Con su habilidad para buscar babosas, tu jardín estará libre de cualquier insecto urticante.

Temperamento

El pato Aylesbury es amistoso y dócil con los humanos. Es sociable y le gusta estar en grupo. No dudes en dejar que se relacionen con otros patos de tu casa, pero ten cuidado con los patos macho. Son capaces de aparearse con cualquier pato que encuentren.

Producción de huevos

Esta raza puede producir huevos, pero no es algo con lo que debas contar si te dedicas a la cría comercial. En un año, la producción promedio de huevos de una hembra es de 35 a 125 huevos.

Producción de carne

El Aylesbury es conocido principalmente por su producción de carne, por lo que se lo cría como aves para consumo.

Habilidad recolectora

Los Aylesbury tienen una excelente capacidad de búsqueda de alimento y, cuando se les permite deambular, pueden abastecerse de algunos de sus alimentos.

Adaptabilidad

El pato de Aylesbury tiene una fuerte tolerancia a todos los climas.

Con estas razas en mente, elegir la adecuada para ti no debería ser difícil.

Capítulo 4: Alojar a tus patos

Si acabas de iniciarte en la cría de patos, crear el alojamiento y el entorno ideales para ellos puede parecer desalentador. Aunque son animales relativamente fáciles de manejar y cuidar, los patos tienen necesidades específicas de abrigo y protección. Necesitan espacios seguros para protegerse de posibles depredadores y de las inclemencias del clima. Tanto si alojas a tus patos en una estructura ya existente como si construyes un corral específico, la clave está en ofrecerles seguridad, alimento y espacio suficiente para moverse con libertad.

Este capítulo te guiará en el proceso de diseño, construcción y mantenimiento de un corral o recinto que satisfaga las necesidades específicas de tus patos. Encontrarás valiosas ideas para construir un espacio seguro y acogedor para tus compañeros emplumados, con consejos sobre variaciones de diseño inspiradas en estructuras populares. Al final de este capítulo, estarás bien preparado para crear un hábitat que proteja a tus patos y mejore su calidad de vida en general, garantizando que prosperen en su nuevo entorno. Tanto si es un principiante en la cría de patos como si es un entusiasta experimentado, los conocimientos que adquirirás aquí contribuirán al bienestar y la felicidad de tu querida bandada de patos.

Los patos, aunque son animales relativamente fáciles de cuidar y mantener, tienen necesidades específicas de refugio y protección

https://www.pexels.com/photo/herd-of-ducks-in-coop-11700747/

No es necesario disponer de un corral completo para alojar a los patos de forma segura y confortable. De hecho, puedes crear una zona habitable adecuada en tu propiedad o incluso utilizar un edificio independiente para este fin. Tanto si optas por el bricolaje como por la compra de un recinto prefabricado, hay varios elementos fundamentales que debes tener en cuenta antes de tomar una decisión.

1. **Hazlo tú mismo o prefabricado:** Decide si quieres construir tu corral para patos desde cero o comprar uno prefabricado. Los corrales construidos por uno mismo ofrecen opciones de personalización, pero requieren más tiempo y esfuerzo. Los corrales prefabricados pueden ahorrarte tiempo, pero pueden tener limitaciones en cuanto a tamaño y diseño.

2. **Ubicación:** Elige una ubicación adecuada para tu corral de patos. Debe tener un buen drenaje para evitar inundaciones, ser fácilmente accesible para la alimentación y la limpieza, y estar

idealmente situado para protegerlo de los vientos dominantes.

3. **Tamaño y diseño:** A la hora de diseñar o elegir un corral, ten en cuenta el tamaño de tu bandada de patos. Los patos necesitan mucho espacio para moverse, así que asegúrate de que el recinto sea lo bastante espacioso para que se sientan cómodos. Una buena regla general es dejar al menos 3 o 4 pies cuadrados de espacio interior por pato.

4. **Materiales:** Tanto si construyes como si compras, elige materiales duraderos, resistentes a la intemperie y fáciles de limpiar. Los más comunes son la madera, el plástico y el metal. Asegúrate de que los materiales del corral sean seguros para tus patos, ya que algunas maderas tratadas o pinturas pueden ser tóxicas.

5. **Techo y suelo:** Utiliza un material de techado resistente para mantener secos a tus patos y considera la posibilidad de añadir un alero para proteger la entrada del corral de la lluvia. Una superficie sólida y fácil de limpiar, como hormigón o listones de madera, funciona bien como suelo. Ofrece abundante material de cama para el aislamiento y la comodidad.

6. **Ventilación:** Una ventilación adecuada es crucial para mantener la calidad del aire y evitar la acumulación de humedad, que puede provocar problemas respiratorios. Instala rejillas de ventilación y ventanas con mosquiteras para garantizar una buena circulación del aire.

7. **Seguridad:** Los patos son vulnerables a depredadores como mapaches y comadrejas. Asegúrate de que tu corral tenga cerraduras seguras y una malla metálica resistente en ventanas y aberturas para evitar accesos no autorizados.

8. **Accesibilidad:** Asegúrate de que el corral esté diseñado para facilitar el acceso para la limpieza, la recolección de huevos y el cuidado diario. Es esencial disponer de puertas de acceso adecuadas y rampas para que los patos puedan entrar y salir.

9. **Aislamiento:** Dependiendo de tu clima, puede que necesites aislar el corral para regular las temperaturas extremas. Esto es especialmente importante si vives en una zona con inviernos fríos.

10. **Costo y presupuesto:** Ten en cuenta tu presupuesto a la hora de planificar tu corral. Los proyectos hechos por uno mismo pueden ser más rentables, pero requieren más tiempo y

esfuerzo. Los corrales prefabricados ofrecen comodidad, pero pueden ser más caros.

11. **Futura expansión:** Si tienes pensado aumentar tu bandada de patos en el futuro, diseña o elige un corral que pueda adaptarse al crecimiento sin grandes modificaciones.

¿Qué necesitas para tu corral de patos?

Con los patos, construye una jaula lo bastante firme para mantenerlos aislados en una zona con suficiente agua y paja bajo sus patas, y ya están listos. Cuando construyas una estructura, utiliza una caja de madera o una vieja caseta de perro de al menos 3 pies de alto y 4 pies de largo y ancho.

Los corrales deben colocarse directamente sobre el suelo, con espacio suficiente para futuros ajustes. Además, pregúntate cosas importantes como "¿Cuántos patos pienso criar?" y "¿Por qué razón exactamente?". La gente cría patos por muchas razones, como carne, huevos y mascotas. Sea cual sea tu propósito, debes tener en cuenta los siguientes elementos.

1. La ventilación es vital

Los patos tienen ciertos hábitos que pueden conducir a un entorno de vida poco prístino. Suelen dormir en el suelo, dejando a menudo un rastro de excrementos justo donde descansan. Además, los patos suelen ir a sus nidos después de nadar, sin importarles que estén húmedos y a veces embarrados. Es crucial que comprendas estos comportamientos y tomes medidas para mantener un espacio vital sano e higiénico para tus patos.

Una ventilación adecuada es muy importante a la hora de personalizar el refugio de tus patos
https://www.pexels.com/photo/dirty-equipment-industrial-plant-industry-416423/

Cuando ofrezcas refugio a tus patos, ten en cuenta lo siguiente:

- **Ventilación adecuada:** Una ventilación adecuada es esencial para evitar la acumulación de humedad en sus áreas de descanso, lo que puede provocar problemas de salud. Asegúrate de que tu corral tenga rejillas de ventilación bien situadas para permitir la circulación de aire fresco. Colocar la zona de ventilación más cerca de la línea del tejado ayuda a mantener una buena calidad del aire.

- **Altura del corral:** Lo ideal es que el corral tenga una altura aproximada de 1 metro para que los patos se sientan cómodos. Esta altura aporta un amplio espacio y permite una mejor circulación del aire.

Garantizando estos aspectos, das a tus patos acceso a aire limpio y no contaminado, favoreciendo su bienestar y reduciendo el riesgo de enfermedades.

2. Protección contra los depredadores

Los patos son vulnerables a diversos depredadores, desde perros salvajes, mapaches, zorros, lobos, osos, halcones, gatos salvajes y pumas hasta incluso perros domésticos. Estos depredadores oportunistas se sienten atraídos por el delicioso sabor de los patos, por lo que es crucial tomar medidas proactivas para salvaguardar a tus amigos emplumados.

He aquí estrategias eficaces para proteger a tus patos de posibles amenazas:

- **Reforzar los recintos:** Crea recintos fortificados con paredes resistentes y puertas equipadas con varios pestillos. Esto constituye una primera capa de protección. En entornos rurales con una presencia mínima de depredadores, también puedes considerar el uso de alambre de corral como alternativa rentable, aunque puede ser menos seguro.

- **Zonas urbanas y boscosas:** Si crías patos en un entorno urbano o boscoso donde los depredadores son más frecuentes, invierte en un sistema de protección robusto. Considera la posibilidad de instalar vallas eléctricas o de alta resistencia para disuadir posibles amenazas. Además, el empleo de un perro guardián de ganado puede aumentar significativamente la seguridad de tu bandada de patos.

• **Escala según las necesidades:** Adapta tus medidas de protección a la escala de tu explotación de cría de patos. Si sólo tienes un pato o un número reducido, coloca estratégicamente el corral en un lugar de fácil acceso. Aunque esto pueda parecer más sencillo, es crucial dar prioridad a la seguridad incluso con una pequeña población de patos.

Recuerda que la seguridad de tus patos es primordial, y que el nivel de protección que elijas debe estar en consonancia con los riesgos potenciales de tu entorno específico. Si aplicas estas estrategias, podrás garantizar el bienestar de tus patos y disfrutar de tranquilidad mientras los crías.

3. Cama y nido

Cuando prepares una zona de nidificación para tus patos, debes seleccionar los materiales de lecho adecuados para su comodidad e higiene. Opta por materiales secos y orgánicos con excelentes cualidades absorbentes. Algunas opciones adecuadas son:

• Paja
• Heno
• Virutas de madera
• Virutas de cedro
• Papeles triturados
• Hojas picadas
• Agujas de pino

A la hora de preparar una zona de nidificación para tus patos, debes seleccionar los materiales de cama adecuados para su comodidad e higiene

Asegúrate de tener a mano un amplio suministro de estos materiales para poder sustituirlos fácilmente cada vez que tus patos ensucien. Aunque no es necesario cambiar el lecho a diario, es aconsejable retirar el lecho sucio cada pocos días.

En lugar de desechar el lecho usado, considera la posibilidad de reutilizarlo como abono para tu jardín. Esta práctica respetuosa con el medio ambiente reduce los residuos y enriquece el suelo del jardín con valiosos nutrientes, beneficiando en última instancia a sus patos y plantas.

Siguiendo estas pautas, puedes crear un entorno de nidificación limpio y acogedor para tus patos, a la vez que fomentas la sostenibilidad en tus prácticas de jardinería.

4. Buena ubicación

Una de las principales ventajas de tener un corral portátil y móvil es la facilidad con la que puedes desmontarlo y volverlo a montar cuando lo necesites para cambiar de ubicación. La movilidad del corral es esencial para adaptarse a las condiciones climáticas cambiantes y garantizar el bienestar de tus patos.

Piensa en estas situaciones en las que los corrales portátiles brillan con luz propia:

- **Adaptabilidad al clima:** En caso de cambios climáticos, como sol excesivo o inviernos rigurosos, puedes reubicar el corral sin esfuerzo. Por ejemplo, durante los veranos más calurosos, trasladar el corral a una zona más sombreada y fresca, con acceso a agua fresca, garantiza que los patos estén cómodos. A la inversa, el traslado a un lugar más cálido en los meses más fríos ofrece una protección esencial.

- **Prevención de puntos muertos** Mover el corral con regularidad evita la aparición de antiestéticas zonas muertas en el patio o el jardín. Esta movilidad fomenta una calidad del suelo más saludable y contribuye a crear un entorno más dinámico para el desarrollo de tus patos.

La continua adaptabilidad de un corral portátil no sólo mejora las condiciones de vida de tus patos, sino que también influye positivamente en la calidad del suelo, creando un entorno ideal para su crecimiento y bienestar.

5. Espacio por pato

Si piensas criar más de un pato, tendrás que asegurarte de que cada uno disponga de al menos 3-5 pies cuadrados en el corral. Multiplica 3-5 pies cuadrados por el número de patos que planeas criar y verás cuánto espacio necesitarás.

6. Construir un corral más grande de lo necesario

Construir un corral para patos no tiene por qué ser una tarea cara. De hecho, puedes aprovechar al máximo los materiales sobrantes de proyectos anteriores para crear un refugio para patos ahorrativo pero eficiente. A continuación, te explicamos cómo optimizar el proceso de construcción de tu corral:

- **Reciclaje ingenioso:** Recoge los restos de reparaciones o proyectos anteriores en tu jardín. Estos restos aparentemente insignificantes pueden combinarse ingeniosamente para construir un corral funcional. Esto no sólo ahorra costos, sino que también reduce los residuos.

- **Planificar la expansión:** Piensa en el crecimiento potencial de tu empresa de cría de patos. Considera la posibilidad de construir un corral más grande de lo que necesitas, pensando en la expansión. Aunque pueda parecer poco convencional, confía en el proceso y anticipa futuros cambios. Empieza con un mínimo de 4 pies cuadrados de suelo por pato y prevé ampliarlo a 12 pies cuadrados a medida que crezca tu bandada. Este planteamiento satisface tus necesidades actuales y te sitúa en una posición favorable si más adelante decides dar cabida a más patos.

Si adoptas estas estrategias, podrás construir un corral para patos rentable que satisfaga tus necesidades inmediatas y deje espacio para futuras ampliaciones, aprovechando al máximo los recursos disponibles.

Diseños únicos de corral para tus patos

Si piensas criar varios patos, es esencial que tengas en cuenta las estructuras de corral adecuadas para alojarlos cómodamente. Tanto si decides hacerlo tú mismo como si encargas un corral prefabricado, la clave está en disponer de espacio suficiente. Aquí tienes algunos diseños innovadores de corrales para patos que te servirán de inspiración para tu empresa de cría de patos:

1. Corral Tyrant

- El corral Tyrant puede albergar hasta seis patos, ofrece movilidad gracias a sus ruedas y facilita los cambios de ubicación.

- Este diseño cuenta con una caja nido de 3 pies de alto, 3 pies de ancho y 4 pies de largo, rematada con un techo verde impermeable y desmontable.

- El corral incorpora una malla de alambre galvanizado de aproximadamente 1 pulgada para disuadir a los depredadores, lo que resulta especialmente eficaz para salvaguardar a los patitos.

- El corral Tyrant demuestra ser una opción eficaz para la protección y el cuidado de los patos.

2. Corral urbano artesanal

- Diseñado pensando en los entornos urbanos, este corral móvil tiene ruedas para facilitar la maniobrabilidad.

- La estructura del corral utiliza malla metálica para la ventilación e incluye una acogedora caseta del tamaño de la de un perro para la comodidad y seguridad de tus patos.

- Su movilidad te permite desplazarlo sin esfuerzo, preservando el césped y mejorando la salud del suelo.

Corral artesanal hazlo tú mismo

Si te animas a construir tu propio corral de estilo artesanal, aquí tienes una guía básica:

Materiales necesarios: Madera contrachapada, clavos, tornillos, cola para madera, chapas metálicas para el tejado, bisagras, pestillos, malla metálica, tela metálica, pintura o sellador, viga a presión y barras para posarse.

1. Comienza planificando el tamaño del corral en función del número de patos que tengas, asignando aproximadamente 3-4 pies cuadrados por pato.

2. Construye los cimientos con madera de 2×4 a presión, formando un marco equilibrado, cuadrado y rectangular alineado con el plano de distribución.

3. Coloca soportes verticales para las paredes del corral y sujeta firmemente el marco rectangular.

4. Encuadra la parte superior e inferior de las paredes con 2x4 horizontales, teniendo en cuenta el espacio para puertas, respiraderos y ventanas.

5. Construye un tejado sencillo pero eficaz con 2×4 y fíjalo a las paredes del corral.

6. Añade cajas nido al tejado utilizando madera contrachapada, cada una con una anchura y una longitud de 12', y un tejado inclinado para el drenaje.

7. Instala un posadero de 2×2 sobre el suelo en el interior del corral.

8. Crea aberturas para ventilación y ventanas en las paredes, cubriéndolas con alambres de malla o tela metálica para protegerlas de los depredadores.

9. Instala una puerta de acceso cómoda y una rampa para que los patos entren y salgan del corral.

10. Cubre el armazón del tejado con planchas metálicas o tejas impermeables y resistentes a la intemperie.

11. Aplica pintura suave y no tóxica al exterior para proteger el corral de las inclemencias del tiempo.

3. Carro de patos de la Tierra Prometida

El Carro de patos de la Tierra Prometida es una solución de corral espacioso y portátil para tus patos, diseñado para ser tirado por un pequeño tractor o un ATV.

Su cubierta metálica incorpora un sistema de canalones para recoger y almacenar agua de forma eficiente, con una capacidad sustancial de 65 galones.

Este corral ofrece a sus patos la libertad de deambular por tu propiedad sin tener que buscar constantemente fuentes de agua.

4. Sauces Verdes

El corral Sauces Verdes, con estructura en A, ofrece versatilidad para acomodar bandadas de distintos tamaños.

Puedes personalizar fácilmente sus dimensiones para adaptarlo a tus necesidades. Por ejemplo, una estructura de 8x6x6 pies es adecuada para unos 10 patos, mientras que ampliarla a 10x8x7 pies ofrece espacio suficiente para unos 15 patos.

Este diseño es fácil de construir y móvil, lo que permite a los patos moverse libremente. Ofrece amplias zonas para anidar, dormir, comer y beber.

Construir un diseño de Sauces Verdes Hazlo tú mismo

Materiales

- Malla metálica
- Palos de bambú o paja para el tejado
- Bisagras y cierres reciclados
- Madera sostenible
- Sierra, taladros, martillo y clavos
- Pinturas o selladores naturales
- Cinta métrica

Procedimiento

Pasos para la construcción:

1. Comienza por esbozar un diseño que incorpore curvas suaves y una estética natural y armoniosa con el entorno. Utiliza materiales reciclados y madera sostenible para minimizar costos.

2. Elaborar un marco de base curvado u ondulado que se asemeje al gracioso fluir de un sauce. Asegúrate de que todos los puntos estén equilibrados y alineados.

3. Añade soportes verticales de madera al armazón base, fijándolos con tornillos o clavos, dejando espacio para las ventanas y la ventilación.

4. Instala el tejado utilizando varas de bambú o paneles de paja por su seguridad, sostenibilidad y aspecto natural.

5. Crea una zona circular central dentro del corral para los nidos y las camas, construyendo cajas nido de madera sostenibles con techos inclinados para facilitar la recolección de huevos.

6. Cubre las aberturas de ventilación con malla metálica o vallas ecológicas para garantizar un flujo de aire adecuado y mantener a raya a los depredadores.

7. Construye una rampa con madera recuperada o sostenible y fíjala firmemente a la entrada del corral para facilitar el acceso de los patos. Comprueba la seguridad de la rampa.

8. Aplica pinturas o selladores naturales para proteger la madera de los elementos. Forra el interior del corral con paja y heno para el lecho.

9. Coloca tu corral Sauces Verdes en un lugar adecuado dentro de tu patio o lugar elegido.

10. Inspecciona regularmente el corral en busca de reparaciones o mejoras y mantén su ambiente natural para prolongar su vida útil.

5. Corral móvil plano tipo Granja de la colina

El diseño del corral tipo Colina Plana ofrece una solución de corral móvil rectangular y práctica si te preocupa tu presupuesto.

Equipado con malla metálica, tejado metálico y una puerta de una o dos bisagras, este modelo es compacto y fácil de trasladar sin necesidad de un tractor o un todoterreno.

Estos innovadores diseños de corrales ofrecen excelentes opciones para la cría de patos, adaptadas a distintas necesidades, presupuestos y preferencias. Elige el que mejor se adapte a tu situación y embárcate con confianza en tu aventura de cría de patos.

Consejos para mantener un corral seguro y limpio

Mantener a los patitos sanos y seguros mientras conservan su entorno vital es primordial. Una higiene adecuada ayuda a prevenir infecciones fúngicas y enfermedades, y protegerlos de los depredadores es igualmente esencial. Para que tu empresa de cría de patos prospere, ten en cuenta estos consejos profesionales:

1. Comienza poco a poco para empezar con el pie derecho

- Si eres nuevo en la cría de patos, empieza con una pequeña bandada, quizá cinco patitos, para familiarizarte con los conceptos básicos. Una vez que ganes confianza y experiencia, podrás ampliar gradualmente tu manada.

- Planifica e investiga cuidadosamente los recursos, el tiempo dedicado y los posibles problemas, como robos, depredadores y permisos reglamentarios. Empezar con poco también minimiza el esfuerzo de limpieza necesario para las bandadas más grandes.

2. Los patos sociales son patos felices

- Los patos son criaturas sociales, como las gallinas. Si es la primera vez que crías patos, es aconsejable tener al menos dos patitos para que se hagan compañía.

- Considera la posibilidad de conseguir patos del mismo sexo (parejas de hembras o machos) para evitar posibles complicaciones en la cría.

3. Cuencos sin boquilla para la comida y el agua

- A los patos les encanta el agua y tienden a ser un poco torpes con sus miradas de reojo. Utiliza cuencos antivuelco para la comida y el agua a fin de minimizar los derrames y el desorden.

- Crea o compra recipientes para el agua que mantengan los cuencos siempre llenos y garanticen un suministro constante de agua limpia día y noche.

4. Elige un lecho con poco polvo

- Opta por virutas de madera de bajo contenido en polvo, como las de Aspen, como lecho para la incubadora de tus patitos. Estas virutas no desprenden olores, son muy absorbentes, suaves y no contienen contaminantes de plagas.

- El uso de lecho bajo en polvo asegura una calidad de aire limpio en el corral y reduce la necesidad de limpieza frecuente debido a la acumulación de polvo.

5. Usa comida peletizada y mantenla separada

- La comida peletizada es una excelente opción para alimentar a los patos, ya que ofrece tres variantes: Mash (alimento sin procesar), Pellets (croquetas cocidas al vapor y formadas) y Crumbles (derivados de pellets con textura de polvo).

- Los pellets son ideales, sobre todo si quiere minimizar los desperdicios y el desorden. Separa el comedero y el bebedero para evitar la contaminación y mantener la limpieza.

6. Prepara una defensa frente a los depredadores

- Los patos son presas apetecibles para los depredadores, sobre todo en las zonas rurales. Pon en práctica sólidos métodos de defensa contra los depredadores para salvaguardar tu bandada.

- Inspecciona y refuerza regularmente la seguridad del corral para disuadir posibles amenazas.

En esta completa guía encontrarás diseños de corrales para hacer tú mismo, consejos de mantenimiento e información esencial para criar patos felices y sanos. Si priorizas la higiene, la seguridad y el bienestar de tus patos, te embarcarás con confianza en el gratificante viaje de la cría de patos.

Capítulo 5: Nutrición de los patos: ¿Qué darles de comer?

Al igual que los humanos, los patos tienen necesidades nutricionales para cada etapa de su vida. Por ejemplo, los patitos necesitan niveles de proteínas más elevados que los patos adultos porque aún se están desarrollando y creciendo.

Las necesidades dietéticas de los patos también difieren en función de su finalidad. Si los crías para la producción de carne, necesitarán una dieta distinta de los que crías para huevos.

Tanto si tus patos son cariñosas mascotas como si son una fuente de alimento, necesitan una dieta equilibrada para vivir una vida larga y sana.

En este capítulo se explica detalladamente la nutrición de los patos, los distintos tipos de alimentación y sus pros y sus contras, los riesgos de desnutrición y las golosinas seguras que puedes darle a tus patos.

Los patitos necesitan niveles de proteínas más elevados que los patos adultos porque aún se están desarrollando y creciendo
https://unsplash.com/photos/cyG0m2JpL8Y

Necesidades nutricionales para cada etapa de la vida de un pato

Debes alimentar a tus patos con comida adecuada a su edad y necesidades. Al igual que los bebés, hay ciertos tipos de alimentos que los patitos no tolerarán hasta que hayan crecido del todo.

Tres semanas y menos

Los patos de tres semanas o menos deben comer alimentos ricos en proteínas. En esta etapa de su vida necesitan muchas proteínas (alrededor del 18-20%) porque aún se están desarrollando. Sin embargo, no debes alimentarlos con comida para pollos, ya que este tipo no contiene suficiente vitamina B3 y otros nutrientes que los patos necesitan de forma crucial a esta temprana edad.

De tres a veinte semanas

En esta etapa, alimenta a tus patos con comida de alta calidad que favorezca su crecimiento. La comida debe ser para patos o pollos jóvenes. Dado que sus necesidades están cambiando, reduce los niveles de proteínas al 15%.

Veinte semanas y más

Ahora que tu pato ya es un adulto, necesitará una dieta diferente. Aliméntalo con comida para reproductoras o con un alimento para ponedoras de alta calidad que sea adecuado para pollos o patos adultos. Hay muchas opciones entre las cuales elegir, pero los granos mezclados y los pellets son tus mejores opciones. Supongamos que crías patos por sus huevos. En ese caso, debes prestar especial atención a su dieta, porque las carencias nutricionales pueden causar diversas enfermedades y hacer que sus huevos no sean comestibles. Normalmente necesitan una dosis diaria de calcio para producir huevos fuertes. Prueba con sémola de cáscara, ya que contiene aproximadamente un 38% de calcio.

También puede darles una dieta comercial con la cantidad adecuada de frutas y verduras.

Ahora que ya sabes cómo alimentar a tu pato en función de su edad, tienes que aprender a proporcionarle una dieta equilibrada repleta de las proteínas, vitaminas y minerales necesarios.

Proteínas

Cuando la gente oye la palabra proteínas, lo primero que suele venirle a la mente es carne, aves o pescado. Sin embargo, los patos no necesitan el mismo tipo de proteínas que consumen los humanos o los animales. Sólo necesitan los aminoácidos que existen en las proteínas. Los aminoácidos son necesarios para el crecimiento de los patos y pueden proteger su salud en todas las etapas de su vida.

Al igual que los humanos, los patos necesitan unos veintidós tipos de aminoácidos al día. Algunos de ellos se producen de forma natural en el interior de su organismo, mientras que los otros sólo pueden obtenerlos a través de la ingesta de alimentos ricos en proteínas.

Para garantizar que tu pato crezca sano y en buenas condiciones, aliméntalo con alimentos que contengan estos aminoácidos.

Metionina

La metionina es uno de los aminoácidos esenciales que debes incluir en la dieta de tus patos. Puedes encontrarla en los granos de cereales, las nueces de Brasil, las semillas de sésamo, los huevos y el pescado. También existe un suplemento llamado DL-metionina que puedes darle a tus patos en alimentos ecológicos. Sin embargo, si no quieres darle a tus patos productos químicos y prefieres seguir una dieta natural, céntrate sólo en alimentos que contengan metionina en lugar de darles suplementos.

Da a los patitos de hasta dos semanas un 0,70% de metionina. Durante su periodo de crecimiento, redúcela al 0,55, y después al 50% durante su edad de cría.

Lisina

Según un estudio publicado por la Dra. Ariane Helmbrecht, especialista en nutrición animal, los patos necesitan al menos un 1% de aminoácido lisina para su desarrollo. Cuando tienen tres semanas o menos, necesitan altos niveles de lisina para acelerar su crecimiento y reducir el riesgo de problemas de salud. Después de este periodo, sólo necesitarán entre un 0,7 y un 0,95%. La lisina suele encontrarse en la soja, el pescado, las semillas de cáñamo, las semillas de calabaza, el marisco, los huevos y los caracoles.

Arginina

Si crías patos por su carne, aliméntalos con comida que contenga arginina. Este aminoácido puede aumentar su peso sin necesidad de darles comidas adicionales. Puedes encontrar arginina en los productos lácteos, el arroz integral, el trigo sarraceno, los cereales, el maíz, la avena, las semillas de girasol y las semillas de sésamo. Los patos de carne sólo necesitan un 1% de arginina.

Vitaminas y minerales

Los patos necesitan exponerse al sol con regularidad para cubrir sus necesidades de vitamina D. Sin embargo, algunas zonas no suelen recibir suficiente luz solar, sobre todo durante el invierno. En este caso, debes proporcionar a tu pato vitamina D, concretamente vitamina D3, a través de la alimentación o de suplementos. Una carencia de vitamina D puede provocar muchos problemas de salud, como cáscaras de huevo y huesos débiles. Si tu pato tiene niveles bajos de fósforo o calcio, puedes compensarlos aumentando su ingesta de vitamina D. El quelpo contiene altos niveles de vitamina D, así que inclúyalo en la dieta de tu pato.

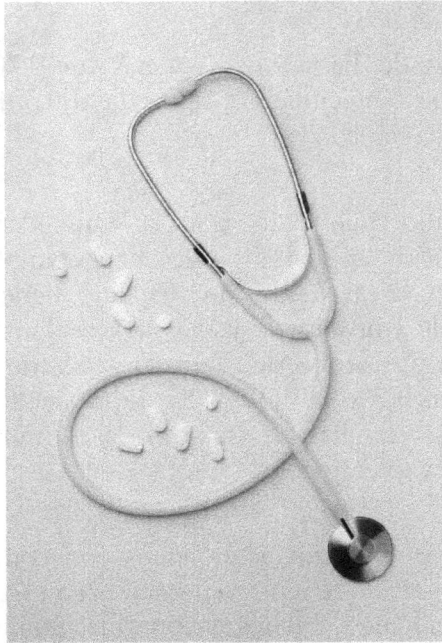

Al igual que los humanos, los patos necesitan vitaminas para crecer y estar sanos
https://www.pexels.com/photo/yellow-stethoscope-and-medicines-on-pink-background-4047077/

Tus patos también necesitan vitamina A y calcio para su salud y desarrollo. Suelen encontrarlos en alimentos formulados, verduras y hortalizas. Una cáscara de huevo débil es un signo claro de carencia de calcio. Es necesario controlar los huevos de tus patos, ya que pueden decirte mucho sobre su salud. Los suplementos de calcio fortalecerán los huesos y la cáscara de los huevos de los patos y los protegerán contra la osteoporosis y las enfermedades reproductivas.

Los patos ponedores necesitan más calcio que los de carne. Si quieres que tus patos pongan huevos sanos, dales alimentos con altos niveles de calcio, como las semillas de girasol.

Tu pato también necesitará un aporte regular de vitamina E para mejorar su sistema inmunitario. Incluye verduras en su dieta; esto es mucho más fácil si tienes un patio o un pequeño jardín.

Los cereales son una gran fuente de vitamina E, vitamina B y fósforo. Dales a tus patos cereales integrales, maíz o avena, pero evita mojarlos, ya que pueden ser venenosos para ellos.

La niacina, comúnmente conocida como vitamina B3, es vital para la salud de los patos. De hecho, necesitan un nivel mucho más alto de niacina en su dieta que el pollo. Por lo tanto, no se recomienda alimentar a los patos con pollo, ya que no recibirán la cantidad adecuada de vitamina B3.

La niacina puede mejorar la circulación sanguínea, el sistema nervioso, la digestión, las plumas y la salud de la piel de los patos. Es necesario alimentar regularmente a tus patos con comida rica en niacina desde muy pequeños. La vitamina B3 convierte los carbohidratos, las grasas y otros nutrientes en energía. Este proceso puede reducir el colesterol, protegerlos de la diabetes y mejorar su tono muscular.

Los patitos necesitan una dosis diaria de 10 mg de niacina, y los adultos, 12,5 mg al día. Los alimentos que contienen niacina son las pipas de girasol, la calabaza, el pescado de engorde, las sardinas, el salmón, el atún, el trigo integral, los cacahuetes, los boniatos y los guisantes.

La carencia de niacina es extremadamente grave y puede provocar muchos problemas de salud, como diarrea, pérdida de apetito, crecimiento lento, problemas en las articulaciones y las patas que pueden afectar a los movimientos y, en algunos casos graves, puede ser mortal.

Los patos necesitan otros tipos de minerales en su dieta para mejorar su tasa de crecimiento, aumentar su peso y contribuir a la producción de huevos de alta calidad.

- Selenio
- Hierro
- Manganeso
- Zinc
- Cobre
- Potasio
- Sodio
- Cobalto
- Yodo
- Magnesio
- Cloro

Muchos tipos de alimentos son ricos en minerales, como la hierba widgeon, la náyade meridional, la hierba de los estanques, la milenrama, la espadaña, el apio de monte, el arroz silvestre y otras plantas acuáticas.

Agua limpia

Todos los seres vivos necesitan agua limpia y fresca para sobrevivir, y los patos no son una excepción. Tus patos deben tener acceso a agua limpia todo el día. Tanto si los crías por compañía como por sus huevos o su carne no deben pasar más de ocho horas sin agua. La falta de agua puede ser peligrosa para su salud. Puede afectar a su salud mental y física, ya que pueden mostrar signos de estrés, ansiedad y comportamiento destructivo.

Los patos y patitos no sólo necesitan agua para beber, sino que también les encanta bañarse y nadar. Piensa en tu pato como en un niño pequeño que se emociona cada vez que ve agua y quiere meterse en ella enseguida. Sin embargo, no dejes que tu patito nade hasta que tenga dos semanas.

Puedes colocarles un estanque artificial en el jardín para que puedan nadar y hacer ejercicio todo el día. Mantén limpio el estanque retirando regularmente las plantas y hojas muertas y vaciando el agua.

Ventajas y desventajas de los distintos tipos de alimentación

Existen varias formas de alimentar a los patos. Elige el método que te resulte más cómodo y se adapte a tu entorno y situación económica. Esta parte del capítulo se centra en las ventajas y desventajas de los tipos de alimentación más comunes.

Búsqueda de alimento

La búsqueda de alimento, o forrajeo, les permite a los patos explorar su entorno y encontrar su propia comida. Algunas personas creen que no es sano alimentar a los patos porque no se les proporcionan todos los nutrientes que necesitan. Buscar comida les resulta fácil, ya que está en su naturaleza buscarla y cazarla. Obtendrán sus necesidades nutricionales de moscas, gusanos, escarabajos, babosas y caracoles. De hecho, un pato preferirá un insecto a una comida normal o a cualquier otra fuente de proteínas.

El buscar comida o forrajeo les permite a los patos explorar su entorno y encontrar su propio alimento

https://pixabay.com/photos/duck-mallard-bird-nature-wildlife-899078/

Ventajas de la búsqueda de comida

Les da la oportunidad de hacer ejercicio

Los patos son extrovertidos. Les gusta estar en grupo para socializar y charlar sobre diferentes temas. La búsqueda de alimento les permite pasar tiempo juntos para hacer ejercicio, establecer vínculos y buscar comida. Pueden moverse y mantenerse activos en lugar de estar confinados en un espacio reducido. Los patos prefieren buscar comida a que se la sirvan. Cuando los dejas buscar comida, les permites estar en su hábitat natural. Por otra parte, los patos en espacios reducidos suelen estar estresados y pueden sufrir diversos problemas de salud. Los patos que buscan alimento están son más sanos y felices.

Los protege contra las enfermedades

Los patos activos tienen menos probabilidades de enfermarse. Cuando los patos están en lugares confinados, no hacen suficiente ejercicio y suelen estar muy cerca de otros patos, lo que los lleva a contraer enfermedades unos de otros. Buscar comida también expone a los patos a la luz del sol y al aire fresco, necesarios para su bienestar.

Les proporciona una mayor ingesta de proteínas

Aunque los alimentos comerciales pueden aportarle proteínas a los patos, una dieta de búsqueda de comida es mucho más rica en proteínas que pueden encontrar fácilmente en insectos.

Es mejor para el medio ambiente

A diferencia de los alimentos comerciales que utilizan fungicidas, herbicidas, pesticidas y productos químicos nocivos, la búsqueda de alimento es mejor para el medio ambiente. Es un método natural que puede mantener sanos a tus patos y proteger las áreas verdes de tu ciudad.

Protege la hierba y el césped

La búsqueda de comida protege el césped de posibles daños. Cuando los patos tienen poco espacio para deambular, lo único que hacen es pisar el césped y acabar con él. Si tienes muchos patos, sus desechos también pueden arruinar tus plantas. Cuando les permites buscar comida, pueden moverse por grandes espacios, por lo que sus desechos no serán un problema, ya que se distribuirán por varias zonas y no se concentrarán en una pequeña parte del terreno.

Controla los insectos

Como tus patos se comerán los bichos de tu patio o jardín, el número de insectos disminuirá drásticamente. También pueden cazar ratas y ratones para reducir el problema de plagas en tu hogar.

Ahorra dinero

En lugar de gastar dinero en alimentos comerciales, deja que tus patos busquen su comida. Acabarás ahorrando mucho dinero.

Es más humano

Los animales y las aves no deberían estar confinados en espacios pequeños. Deben disponer de un amplio espacio en la naturaleza para moverse libremente. Buscar comida es más humano porque sitúa a los patos en su hábitat natural, haciéndolos más sanos, más felices y menos estresados y aburridos. El confinamiento puede hacer que los patos muestren comportamientos poco saludables, como morderse la piel y arrancarse las plumas.

Desventajas de la búsqueda de comida

Predadores

Buscar comida expone a los patos a depredadores como perros, zorros y búhos. Colocar una valla y una red no siempre es útil. Así que, si vives en una zona poblada de animales salvajes, considera otro tipo de alimentación.

Posibilidad de escapar

Si ocurre algo que asuste o estrese a tu pato, puede salir corriendo y no volver jamás. También pueden salir volando, lo que dificulta su captura. Si no puedes mantener a salvo a tus patos, buscar comida puede no ser una buena idea.

Dañan las flores

Los patos se comen cualquier tipo de planta del jardín, incluidas las flores. Por tanto, si tienes un jardín de flores, lo destrozarán.

Alimentos caseros vs. alimentos comerciales

Los alimentos comerciales le ofrecen a tus patos comida preparada en la tienda, normalmente a base de subproductos y granos de cereales. El alimento casero consiste en mezclar varios tipos de alimentos para prepararle una comida nutritiva a tus patos. La mayoría de la gente se debate entre el alimento casero y el comercial. No cabe duda de que querrás mantener sanos a tus patos, pero hay muchas cosas que debes tener en cuenta.

Ventajas del alimento casero

- Más beneficioso que los alimentos comerciales
- Contiene más nutrientes
- Más barato que los alimentos comerciales
- No contiene productos químicos

Desventajas del alimento casero

- Consume mucho tiempo
- Si no conoces los nutrientes adecuados, no podrás preparar una comida sana y provocarás desnutrición.

Ventajas del alimento comercial

- Fácil de conseguir y barato (lee la etiqueta para asegurarte de que tiene todo lo que tu pato necesita)
- Alto contenido en proteínas
- Contiene minerales y vitaminas

Desventajas del alimento comercial

- No siempre cubren las necesidades nutricionales del pato
- Pueden contener productos químicos o aditivos

- Son más caros que la búsqueda de comida y los alimentos caseros
- Contiene pesticidas que pueden causar cáncer

El riesgo de desnutrición en los patos

Los patos pueden sufrir desnutrición si no reciben los nutrientes necesarios. De hecho, es la principal causa de muerte entre los patos. La desnutrición puede afectar a su sistema inmunitario y causar diversos problemas de salud.

Quitarse las plumas

El arrancado de plumas suele ser una clara señal de que un pato sufre desnutrición. O bien no reciben suficientes proteínas, o bien reciben demasiadas grasas y carbohidratos. Si los patos no reciben suficientes minerales o vitaminas, se arrancarán o morderán las plumas. En algunos casos graves, pueden arrancárselas todas. Los patos sin plumas son propensos a infecciones y ulceraciones cutáneas.

Diarrea o estreñimiento

La desnutrición puede causar diarrea, estreñimiento o incluso ambas cosas a la vez. Sus heces pueden ser blandas y más frecuentes, o notarás pequeños excrementos secos aquí y allá. La diarrea y el estreñimiento son claras señales de que necesitas cambiar su dieta. Ponte en contacto con tu veterinario de inmediato para que pueda realizar las pruebas necesarias y recomendarte los nutrientes o suplementos adecuados.

Atascamiento de huevos

El atascamiento de huevos se produce cuando el pato tiene dificultades para expulsar los huevos. A veces, pueden ser tan grandes que se atascan. Esto puede causar graves infecciones o incluso la muerte.

Letargo

Al igual que los humanos, si los patos sufren desnutrición, se sentirán letárgicos y somnolientos. Recuerda que los patos son criaturas activas a las que no les gusta estarse quietas y disfrutan socializando. Por lo tanto, si notas que su comportamiento cambia, es señal de que algo no va bien.

Prevención de la desnutrición en los patos

La desnutrición puede evitarse fácilmente con estos sencillos consejos.

Alimenta a tu pato con una dieta equilibrada

Una dieta equilibrada es el mejor remedio contra la desnutrición. Alimenta a tu pato con las grasas, proteínas, minerales y vitaminas necesarias. Dales el porcentaje adecuado a su edad y necesidades. Si les cambias la dieta, pero no mejoran, consulta a su veterinario, ya que puede recomendarte una dieta mejor o suplementos.

Limpia todo

Asegúrate de limpiar su estanque artificial y de suministrarles sólo agua fresca. Su comida también debe estar limpia y fresca.

Proporciónales actividad física

Los patos no son criaturas estancadas. Proporciónales la oportunidad y el espacio necesarios para hacer ejercicio. Si vives en una zona segura, deja que tus patos busquen su comida.

Evita la comida basura

La comida basura puede afectar a la salud de tus patos y provocarles obesidad e infartos. Evita darles comida sin valor nutritivo, como galletas y pan.

Golosinas seguras e inseguras y plantas forrajeras

Exprésales a tus patos tu cariño dándoles golosinas deliciosas. Sin embargo, asegúrate de darles sólo plantas seguras.

Golosinas seguras

- Gusanos crudos
- Gusanos de harina
- Diente de león
- Trébol
- Hierbas frescas
- Verduras de hoja verde como la lechuga
- Cereales
- Frutos secos
- Hierba cortada
- Judías cocidas

- Huevos cocidos
- Cáscaras de huevo

Golosinas no seguras

- Espinacas
- Huevos crudos
- Carne cruda
- Pan
- Chocolate
- Cafeína
- Alimentos salados
- Judías secas
- Patatas verdes
- Tomates verdes
- Patatas crudas
- Ajo
- Cebollas
- Hojas de ruibarbo
- Semillas y huesos de frutas

Plantas seguras para buscar comida

- Violetas silvestres
- Fresas silvestres
- Hierba Luisa
- Verdolaga
- Ortiga morada
- Llantén
- Hierba de los pantanos
- Artemisa
- Gallina gorda
- Diente de león
- Charlie rastrero
- Trébol
- Aguacate

- Tabaco
- Avena
- Patatas
- Filodrendo
- Sombra nocturna
- Hierba de la leche
- Dedalera
- Oreja de elefante
- Berenjena
- Grano de café
- Lirio cala
- Ranúnculo
- Acacia negra
- Aguacate

Plantas no seguras para buscar comida

- Adelfa
- Roble
- Laurel de montaña
- Espuela de caballero
- Clemátide
- Haba de ricino
- Boj
- Hiedra
- Hierba carmín
- Madreselva
- Corazón sangrante
- Azalea
- Tejo
- Glicinia
- Rododendro
- Narciso
- Iris

- Ranúnculo
- Tulipanes
- Guisantes de olor
- Amapolas
- Lupino
- Amapolas

Criar patos es una responsabilidad considerable. Son seres vivos que requieren cuidados y atención constantes. Debes conocer sus necesidades nutricionales en función de su edad y sus necesidades. Esto es especialmente necesario si vas a alimentarlos con alimentos caseros. En el caso de los alimentos comerciales, lee la etiqueta de los envases para comprobar si contienen suficientes proteínas, minerales y vitaminas.

A los patos les encanta el agua. La beben o nadan en ella. Coloca un estanque de agua artificial o incluso una pequeña piscina para que tus aves naden y hagan ejercicio. También deben disponer de un espacio amplio, porque los patos sufren en confinamiento. Pueden utilizar este espacio para buscar su comida y obtener luz solar y aire fresco. La búsqueda de comida es una de las formas de alimentación más baratas, sanas y humanas. Sin embargo, si no tienes tiempo o espacio, puedes elegir entre alimento casero o comercial.

Controla el peso y los hábitos de tus patos para asegurarte de que no sufren desnutrición. Prepara alimentos equilibrados y dales los suplementos necesarios para proteger su salud y prevenir el riesgo de huevos débiles o enfermedades. Por último, infórmate sobre las plantas y golosinas seguras e inseguras para evitar accidentes que puedan poner en peligro la vida de tus patos.

Capítulo 6: Salud y bienestar de los patos

Los gráciles movimientos y el agradable aspecto de los patos son elementos encantadores de estanques, granjas y fincas. Para mejorar su bienestar general, longevidad y productividad es crucial ofrecerles una atención sanitaria y un bienestar esenciales. Aunque los patos parezcan resistentes y autosuficientes, no son inmunes a los problemas que afectan a todos los seres vivos. Pueden sucumbir a enfermedades, infecciones parasitarias y factores de estrés ambiental que comprometen su salud y bienestar. Descuidar su atención sanitaria puede provocarles sufrimiento y reducir su productividad.

La esencia de este capítulo radica en reconocer el papel vital de una atención sanitaria y un bienestar adecuados para los patos. Al adquirir conocimientos fundamentales sobre sus necesidades y vulnerabilidades únicas, estarás preparado para ser un cuidador responsable y atento de tus amigos emplumados. Este conocimiento mejorará el bienestar general y la longevidad de los patos y maximizará su productividad, ya sea a través de una puesta de huevos más saludable o del control de plagas.

Problemas de salud comunes

Problemas de salud comunes

Los patos que padecen infecciones respiratorias pueden mostrar signos de estornudos, secreción nasal, tos y dificultad para respirar. En determinadas infecciones respiratorias, puede incluso oírse un silbido al respirar.

Asegúrate de que su corral tenga una ventilación adecuada para evitar la acumulación de humedad. Además de limpiar el alojamiento, mantén el entorno limpio y seco, evitando el hacinamiento. Si los patos tienen acceso a una masa de agua artificial, límpiala con regularidad para prevenir el desarrollo de enfermedades transmitidas por el agua, como el cólera aviar. Dales a los patos una dieta equilibrada para reforzar su sistema inmunológico.

Botulismo

Los patos que padecen esta infección que libera toxinas muestran signos de parálisis, debilidad y caída del cuello, la cabeza y las alas. La bacteria Clostridium botulinum prospera en fuentes de agua estancada y contaminada. Mantener la fuente de agua limpia y no contaminada evitará en gran medida el desarrollo de la bacteria causante del botulismo. Los recipientes que suministran agua potable también deben limpiarse con regularidad para inhibir aún más el desarrollo de microorganismos patógenos. En los casos graves, hay que aislar a las aves afectadas y darles cuidados de apoyo si es necesario.

Influenza aviar (gripe aviar)

La gripe aviar o influenza aviar en los patos comienza con signos claros de dificultad respiratoria y reducción de la producción de huevos. A medida que avanza la infección, los patos pueden mostrar la cabeza hinchada y, en infecciones graves, pueden incluso sufrir muerte súbita. La gripe aviar es una infección vírica. Por tanto, es imperativo seguir medidas de bioseguridad. Limita el contacto de los patos con otros animales salvajes o aves, mantén limpias las instalaciones y sigue los protocolos de vacunación aplicados por las autoridades competentes. También debes avisar a tu veterinario y denunciar la enfermedad a las autoridades, ya que esta enfermedad altamente contagiosa puede extenderse como la pólvora. Por último, no olvides reducir al mínimo el contacto con otras especies de aves, ya que la mayoría de las aves silvestres y de corral son portadoras potenciales.

Enteritis vírica del pato (peste del pato)

Los patos infectados con enteritis vírica experimentarán pérdida de apetito, aumento de la depresión y diarrea verdosa o teñida de sangre. En casos graves, la enteritis vírica puede incluso provocar la muerte súbita. Por la seguridad de la bandada, aísla los patos nuevos antes de integrarlos. Mantén un entorno limpio y desinfectado para minimizar el riesgo de transmisión de enfermedades.

Infecciones parasitarias

Los patos que sufren infecciones parasitarias muestran una pérdida de plumas de leve a grave, una significativa pérdida de peso, una disminución de la producción de huevos y parásitos visibles en las plumas y la piel. Es esencial limpiar y desinfectar regularmente el alojamiento de los patos. Otras medidas preventivas consisten en dar a los patos acceso al polvo donde puedan revolcarse para mantener los parásitos bajo control de forma natural. También debes administrar tratamientos antiparasitarios adecuados previa consulta y supervisión con el veterinario.

Cólera de los patos

Tus patos empezarán a mostrar signos de letargo, perderán el apetito y experimentarán dificultades para respirar. Poco a poco, se les hincharán las articulaciones y los síntomas empeorarán progresivamente. Mantener un entorno limpio, como el alojamiento, las fuentes de agua y las zonas de alimentación, puede mantener a raya el cólera en los patos. Los criadores de patos veteranos sugieren evitar el hacinamiento y ofrecer una dieta equilibrada para reforzar el sistema inmunológico y los procesos metabólicos.

Aspergilosis

En esta infección pulmonar, los patos presentan respiración dificultosa, tos, secreción nasal persistente, letargo y limitación de movimientos. La causa principal del desarrollo de la aspergilosis es la humedad elevada. Mantener el alojamiento ventilado, limpio y seco evitará la proliferación de hongos nocivos y otros microorganismos.

Atascamiento de huevos

Se trata de una enfermedad común asociada a la puesta de huevos en las hembras de pato. Los huevos no se liberan a través del oviducto en el aparato reproductor de la hembra, no pasan por el proceso de maduración y no completan la puesta en el tiempo normal. Los patos con este problema mostrarán signos de letargo y harán varias visitas al nido debido al esfuerzo abdominal.

Es crucial suministrar una dieta rica en calcio para favorecer la formación de la cáscara del huevo. Además, se deben fabricar cajas nido y camas cómodas y vigilar el comportamiento y la frecuencia de puesta de huevos, ya que esta información puede facilitarse al veterinario para un mejor diagnóstico y tratamiento.

Problemas de patas y pies (pie deforme)

El problema más común relacionado con las extremidades de los patos es el pie deforme. Se trata de un absceso que se forma en cualquier zona de la almohadilla plantar del ave. Empieza como una pequeña protuberancia roja e inflamada que puede profundizarse y aumentar de tamaño. Estos bultos también pueden convertirse en lesiones o llagas, dependiendo de sus niveles de inmunidad y de la limpieza de las instalaciones. El signo más evidente del pie deforme es el crecimiento de estos bultos o llagas, que deben vigilarse y tratarse inmediatamente.

Si son varios los patos afectados por estas protuberancias, limpia inmediatamente el suelo, sustituye la cama, reduce la humedad mediante una ventilación adecuada y aliméntalos con una dieta equilibrada para mantener sus niveles de inmunidad óptimos. Sin embargo, si no se observan resultados eficaces, contactar con un veterinario y seguir sus pautas puede evitar que esta bacteria se siga propagando.

Enfermedad de Newcastle

Se trata de una enfermedad vírica muy contagiosa común en patos, pollos, pavos y palomas. Provoca estornudos frecuentes, tos, problemas digestivos y producción de diarrea verdosa, y signos neurológicos como parálisis y torsión del cuello. Las hembras de pato afectadas por esta enfermedad vírica también ven reducida su producción de huevos.

La enfermedad de Newcastle es una infección vírica que se propaga de los patos afectados al resto de la manada. Por lo tanto, practica siempre estrictos métodos de bioseguridad, como la cuarentena y el aislamiento, para evitar la propagación de la enfermedad. Pueden hacerse pruebas de laboratorio para confirmarlo antes de vacunar.

Infecciones inducidas por micoplasma

El micoplasma gallisepticum es un microorganismo que causa enfermedades respiratorias crónicas en patos y aves de corral. Cuando está completamente desarrollada, la enfermedad provoca una disminución de la puesta de huevos, secreción nasal persistente, tos, estornudos e inflamación alrededor de los ojos (conjuntivitis). Como cualquier otra enfermedad, mantener una buena higiene puede reducir la propagación de la misma.

Hepatitis de los patos

Se trata de una infección viral aguda que afecta principalmente a los patitos de menos de seis semanas. La hepatitis viral del pato (DVH) tiene tres subtipos y no afecta a las aves de más edad. Los patos afectados por la infección viral presentan ictericia (coloración amarillenta de los ojos y la piel bajo el pelaje), letargo y disminución de la ingesta de alimentos. La DVH se propaga en entornos insalubres, especialmente a partir de fuentes de agua y patos ya infectados. Aislar a los patos infectados y reducir al mínimo el hacinamiento es crucial para minimizar la propagación.

Es necesario un seguimiento regular, ya que puede revelar signos de enfermedad, cambios de comportamiento o cualquier síntoma inusual. Puedes ponerte en contacto con un veterinario certificado para obtener un mejor diagnóstico y tratamiento. Siguiendo las prácticas de cría requeridas, como mantener limpio el alojamiento, suministrar una dieta equilibrada y aplicar medidas de bioseguridad, se puede reducir significativamente el riesgo de varios problemas de salud y enfermedades.

Infecciones parasitarias (internas y externas)

Aunque existen varias infecciones parasitarias, la mayoría muestran signos comunes de pérdida de peso, disminución del apetito, pérdida de plumas y parásitos visibles en las plumas y la piel en los casos graves. La mayoría de las infecciones parasitarias pueden reducirse mejorando el saneamiento, realizando baños de polvo, desparasitando y tratando los parásitos externos.

Protozoos parasitarios (coccidiosis)

La coccidiosis es una enfermedad parasitaria frecuente en patos salvajes y de granja. Este parásito llega al intestino del pato a través de alimentos contaminados. El parásito vive en el intestino, se alimenta y se reproduce. La coccidiosis provoca disminución del apetito, letargo, diarrea sanguinolenta y pérdida de peso significativa. Lo mejor es consultar inmediatamente a un veterinario para un tratamiento adecuado. Para minimizar el brote, sigue un programa de limpieza regular, como desinfectar y limpiar el alojamiento y suministrarles alimentos frescos y sanos.

La detección precoz, la intervención rápida y la colaboración con un veterinario aviar calificado son esenciales para el diagnóstico preciso y el tratamiento eficaz de estas enfermedades y parásitos. La aplicación de un plan completo de gestión sanitaria, que incluya medidas de bioseguridad, una nutrición adecuada y un seguimiento periódico, contribuirá al bienestar general de tu bandada de patos.

Mantenimiento de la higiene

Mantener una higiene adecuada es necesario para prevenir la propagación de enfermedades y mejorar la salud y el bienestar de la bandada de patos. He aquí algunas prácticas que puedes incorporar a la rutina de gestión de la higiene de los patos.

Higienizar las zonas de estar

Desinfectar el alojamiento, las perchas, los utensilios de alimentación y las fuentes de agua cercanas. No dejes que los desechos se acumulen en una zona específica. Sustituye el lecho húmedo o insalubre y los restos de comida para evitar el desarrollo de microorganismos nocivos y la atracción de plagas. Antes de utilizar desinfectantes o limpiadores, asegúrate de que las sustancias sean seguras para los patos.

Suministrar agua limpia

Es vital suministrar agua fresca y limpia tanto para beber como para bañarse. Cambiar regularmente el agua evita el crecimiento de bacterias, la contaminación y la transmisión de enfermedades, y está libre de contaminantes como heces, excrementos y escombros.

Gestión adecuada de los residuos

Designa una zona de evacuación de aguas alejada de los espacios habitados por los patos, donde puedas compostar los restos de comida o deshacerte de los residuos, reduciendo al mismo tiempo la transmisión de enfermedades.

Aplicar procedimientos de cuarentena

Dado que muchas infecciones virales se transmiten por contacto con patos ya infectados, la aplicación de prácticas estrictas de cuarentena y vigilancia puede garantizar la salud de tu bandada. Siempre que quieras añadir más patos a la bandada, ponlos en cuarentena para evitar la introducción de posibles enfermedades. La vigilancia de los patos en cuarentena para detectar cualquier signo de enfermedad se realiza durante la cuarentena.

Medidas de bioseguridad

Cuando introduzcas patos en un lugar nuevo, sigue las medidas de bioseguridad y limita las interacciones con los visitantes, sobre todo con personas en contacto con otras aves de corral, como pavos y pollos. Del mismo modo, limite su acceso a las aves silvestres, ya que son portadoras y transmisoras potenciales de enfermedades aviares. Si tus patos padecen una enfermedad, brote o infección en curso, asegúrate de que todos los visitantes y cuidadores utilicen ropa desinfectada y calzado viable y sigan los protocolos de bioseguridad para contener la propagación de la enfermedad.

Mantener las condiciones secas

Mantén seca la zona de alojamiento y evita el agua estancada mediante una limpieza periódica. Mantener la zona ventilada, especialmente en condiciones húmedas, limitará la proliferación de bacterias.

Baños de polvo

El baño de polvo es un método natural que practican los patos para eliminar los parásitos externos, mantener limpias las plumas y prevenir el desarrollo de enfermedades relacionadas con la piel.

Higiene de manos y pies

Además de cuidar la bandada de patos, mantén una higiene adecuada de pies y manos después de manipularlos y alimentarlos. Utiliza pediluvios con desinfectante añadido al entrar y salir de la zona de patos para minimizar la transmisión de enfermedades.

Proporcionar una dieta equilibrada

Para mantener a los patos sanos y prósperos, hay que proporcionarles una nutrición adecuada que refuerce el sistema inmunitario, aumente el metabolismo y mantenga el organismo preparado para combatir una infección o una enfermedad.

Educación y formación

Las enfermedades y afecciones aquí expuestas son las más comunes, pero hay varias otras con las que debes estar familiarizado como cuidador. Leer más, unirte a comunidades de cría de patos, hablar con criadores de patos y compartir tu pasión puede aumentar el conocimiento de las enfermedades. Para comprenderlas mejor, puedes hablar de los síntomas, las medidas preventivas y el protocolo de tratamiento con otros criadores de patos.

Asistir a talleres y debatir cuestiones relacionadas con las enfermedades con un veterinario aviar también mejorará tu capacidad para hacer frente con prontitud a estas enfermedades e infecciones. La integración de estas prácticas de higiene en tu rutina de cría de patos te permitirá crear un entorno limpio y resistente a las enfermedades y contribuirá a la salud y longevidad de tu manada.

Buscar ayuda veterinaria

Es necesario saber cuándo buscar ayuda veterinaria. Debes estar atento a varias señales de alarma, ya que indican una enfermedad subyacente o una afección médica que puede requerir la asistencia de un veterinario.

Comportamiento inusual

El comportamiento de los patos cambia significativamente cuando padecen una enfermedad o afección. Se vuelven menos activos, evitan la interacción, se aíslan o muestran un comportamiento agresivo. Estos son algunos signos de que algo puede andar mal en su salud. Consultar a un veterinario puede ayudar a identificar y tratar cualquier problema subyacente que cause estos cambios de comportamiento.

Síntomas de infección respiratoria

Los patos, como todos los animales, pueden sufrir infecciones respiratorias. Si observas síntomas como estornudos frecuentes, tos, respiración dificultosa, secreción nasal o sonidos inusuales al respirar, puede ser indicio de problemas respiratorios. Acudir al veterinario es vital para diagnosticar la causa y administrar el tratamiento adecuado para evitar complicaciones mayores.

Problemas digestivos

Los patos que presentan diarrea persistente, cambios en el apetito, estreñimiento, excrementos malolientes o sanguinolentos son una clara señal para buscar asistencia veterinaria. Consulta inmediatamente al veterinario y coméntale los signos y síntomas que has observado para un diagnóstico y tratamiento eficaces.

Problemas de puesta de huevos

Si tu pato permanece demasiado tiempo en la zona de anidamiento, no pone huevos con regularidad y produce huevos anormales, eso indica problemas con el aparato reproductor. El siguiente paso es llevarla a un veterinario certificado para que la revise.

Cojera o problemas de movilidad

Las lesiones y ciertas afecciones médicas pueden provocar que los patos tengan problemas para ponerse de pie y caminar, así como problemas que afectan a sus patas y pies. Una evaluación veterinaria profesional es esencial para diagnosticar con precisión el problema y recomendar los tratamientos adecuados para mejorar su movilidad y calidad de vida.

Lesiones

Los patos pueden sufrir lesiones de diversos orígenes, y heridas, cortes, fracturas o afecciones como el pie deforme (infecciones en las patas) pueden comprometer su salud. Acudir al veterinario para un tratamiento rápido y adecuado es crucial para prevenir infecciones, controlar el dolor y garantizar una curación óptima.

Infecciones parasitarias

Tanto los parásitos internos como los externos pueden afectar negativamente a la salud de los patos. Supongamos que observas signos de infección, como parásitos visibles en la piel o las plumas, pérdida de peso, debilidad o crecimiento deficiente. En ese caso, es esencial acudir a un veterinario. Una intervención a tiempo puede evitar que los parásitos causen más daños y molestias a sus patos.

Muertes repentinas

Las muertes inesperadas en tu bandada deben ser motivo de preocupación. Aunque algunas muertes pueden producirse de forma natural, las muertes repentinas pueden indicar la presencia de enfermedades contagiosas que podrían propagarse. Consultar a un veterinario puede ayudarte a determinar la causa y las medidas adecuadas para evitar nuevas pérdidas.

Síntomas visibles

Cualquier cambio físico en el aspecto de los patos, como hinchazón, decoloración, llagas abiertas o crecimientos anormales, requiere una evaluación profesional. Un veterinario puede diagnosticar con precisión la enfermedad, recomendar tratamientos y prevenir posibles complicaciones.

Disminución de la producción de huevos

Un descenso repentino de la producción de huevos o cambios en su calidad, como cáscaras finas o formas inusuales, pueden indicar problemas reproductivos. Acudir al veterinario puede ayudar a diagnosticar y tratar estos problemas para garantizar la salud de los patos y su capacidad para poner huevos.

Problemas oculares o nasales

Los patos con síntomas como secreción ocular, hinchazón, enrojecimiento o secreción nasal pueden estar sufriendo infecciones oculares o respiratorias. Es necesario consultar a un veterinario para evitar mayores molestias y complicaciones.

Pérdida de peso inexplicable

Una significativa pérdida de peso en los patos puede indicar varios problemas de salud, como infecciones, parásitos o problemas internos. La asistencia veterinaria es crucial para identificar la causa subyacente y determinar la mejor actuación.

Signos neurológicos

Los patos que muestran síntomas neurológicos como inclinación de la cabeza, temblores, convulsiones o comportamiento anormal requieren una evaluación veterinaria inmediata. Es necesaria una evaluación profesional para determinar la causa y prestar la atención adecuada.

Cambios en las vocalizaciones

Los patos se comunican mediante vocalizaciones. Si observas que uno de ellos se vuelve inusualmente silencioso o muestra nuevos patrones vocales, puede ser indicio de angustia o enfermedad. Un veterinario puede evaluar la situación y recomendar las medidas adecuadas.

Problemas de salud en toda la bandada

Si varios patos de tu bandada presentan síntomas similares o hay un empeoramiento repentino de la salud general de tus patos, puede ser indicio de una enfermedad contagiosa. La consulta al veterinario es esencial para evitar la propagación de la enfermedad y garantizar el tratamiento adecuado de los patos afectados. Observar de cerca a tus patos para detectar cambios de comportamiento, aspecto o síntomas es fundamental para su bienestar. Si detectas algún signo preocupante, es crucial buscar la ayuda profesional de un veterinario con experiencia en atención aviar para obtener un diagnóstico precoz, un tratamiento eficaz y la salud a largo plazo de tu bandada de patos.

Revisiones de rutina

Las revisiones de rutina de los patos requieren una cuidadosa planificación, una atenta observación y una estrecha colaboración con un veterinario experto en aves. Las visitas periódicas al veterinario son esenciales para vigilar la salud de tus patos, identificar problemas emergentes y garantizar su bienestar.

He aquí una guía completa sobre la gestión de las revisiones rutinarias de tus patos:

- Empieza por buscar y establecer una relación con un veterinario aviar calificado.
- Busca a alguien con experiencia en el tratamiento de patos o aves de corral y que, preferiblemente, esté situado en un lugar cómodo para las visitas periódicas.
- Ponte en contacto con el veterinario aviar para programar las citas rutinarias de revisión para tus patos.
- Sigue su calendario recomendado, que puede variar en función de la edad, el historial sanitario y las necesidades específicas.
- Antes de la visita, prepara un registro detallado del historial sanitario de tus patos, con vacunas, tratamientos y problemas de salud anteriores.
- Elabora una lista de preguntas o preocupaciones que te gustaría discutir durante el chequeo.
- Asegúrate de que tus patos estén cómodos y seguros en un transporte bien ventilado.

Hablar de todo con el veterinario

Durante la consulta, permite que el veterinario realice un examen físico completo de cada pato. Esto implica evaluar su peso, condición corporal, ojos, pico, patas, alas y estado general de salud. Aprovecha este momento para compartir cualquier observación o cambio de comportamiento que hayas notado desde la última visita. Pide consejo sobre la dieta, el alojamiento, la prevención de enfermedades y los cuidados generales. El veterinario puede recomendar pruebas diagnósticas como exámenes fecales, análisis de sangre o frotis para detectar posibles problemas de salud, si es necesario. Respeta sus recomendaciones de vacunación, desparasitación y otras medidas preventivas adaptadas a las necesidades de tus patos y a los riesgos potenciales de enfermedad.

El veterinario te explicará las posibles opciones de tratamiento, medicación e instrucciones de cuidado si detecta algún problema de salud. Asegúrate de que entiendes el plan de tratamiento recomendado, incluidos los detalles sobre dosis, administración e instrucciones de seguimiento. No dudes en hacer preguntas sobre el cuidado de los patos, el comportamiento, la dieta, el alojamiento o cualquier otra cuestión que te preocupe. Su experiencia es un recurso valioso. Tras la visita, sigue atentamente sus indicaciones.

Capítulo 7: La belleza del huevo de pato

Los huevos de pato no son fáciles de romper porque su cáscara es más gruesa que la de los huevos de gallina. Aun así, deben manipularse con cuidado. Recolectar, conservar y almacenar huevos de pato no es una tarea sencilla. Lleva tiempo y esfuerzo, pero vale la pena mantenerlos frescos para poder aprovechar sus numerosos beneficios para la salud.

Recolectar, mantener y almacenar huevos de pato no es una tarea sencilla
https://pixabay.com/photos/egg-duck-green-nest-nature-spring-1067035/

Este capítulo abarca todo lo relacionado con los huevos de pato. Hablaremos de sus cualidades únicas, explicaremos cómo manipularlos y cuidarlos, y ofreceremos sencillas y deliciosas recetas basadas en ellos.

Recolectar y manipular huevos de pato

Los patos ponen huevos por la noche, así que cuando te levantes al día siguiente, estarán listos para que los recolectes. Déjalos salir de sus jaulas para que hagan ejercicio y busquen comida mientras tú buscas los huevos.

Recoge lo que encuentres enseguida; si no lo haces, anidarán con sus huevos y dejarán de producir. Si los crías por los huevos, no puedes permitirte pasar días sin nuevos. Así que programa una hora cada mañana para ir a la caza del tesoro en el corral de tus patos.

Primero cuenta los huevos. Si el número es bajo, significa que uno o varios patos aún no han puesto ninguno. Lo más probable es que pongan los huevos mientras están fuera. Vigílalos para saber dónde ponen. Suelen elegir siempre el mismo lugar, así que será más fácil encontrarlos en el futuro.

Busca los huevos en sus cajas nido, zona de alojamiento y lecho. Comprueba todos los rincones, porque a veces los patos esconden los huevos para protegerlos. Esto puede llevar tiempo y esfuerzo, pero pronto te familiarizarás con sus hábitos y aprenderás sus lugares preferidos.

El proceso de recolección de los huevos es sencillo. No necesitas ningún equipo especial, ni siquiera guantes. Basta con sacar los huevos con las manos y colocarlos en una pequeña cesta.

Consejos para manipular huevos de pato

- Lávate las manos antes y después de manipular los huevos para proteger al bebé patito de las bacterias.
- Ten cuidado al colocar los huevos en la cesta. Ponlos despacio y con cuidado para que no se agrieten ni se rompan.
- Asegúrate de que la cesta está hecha de materiales sólidos para que no se rompa y dañe los huevos.

Mantener la higiene de los huevos

Aunque recolectar los huevos es fácil, lo complicado es limpiarlos. Los huevos de pato son más difíciles de limpiar que los de gallina. Suelen estar cubiertos de una capa gris que se asemeja a una película y tiene un olor desagradable.

Sigue estos pasos para que el proceso te resulte más fácil.

Instrucciones:

1. Después de recolectar los huevos, lleva la cesta a casa.
2. Con un paño limpio y húmedo, limpia el estiércol y el barro.
3. Limpia la película gris con un estropajo de cocina.
4. A continuación, retira la borra de los huevos enjuagándolos con agua tibia y limpiándolos con una toalla de papel.

Algunas personas prefieren dejar la pruina porque creen que hace que los huevos estén frescos durante mucho tiempo y los protege de las bacterias y el aire. Otros afirman que si vas a vender tus huevos o a utilizarlos enseguida, no debes preocuparte por el tiempo de conservación. Considera las dos opiniones y elige lo que más te convenga.

Los huevos cubiertos de brotes tienen un aspecto poco apetitoso, así que si la caducidad no te preocupa, elimínalos. Sin embargo, si no vas a vender los huevos y la flor no te molesta, consérvala. Si quieres lavarlos, utiliza agua templada. Nunca laves los huevos con agua fría, y evita ponerlos en remojo porque se contaminarán.

Almacenamiento de los huevos de pato

Una vez recogidos y limpios los huevos, debes almacenarlos adecuadamente para evitar que se estropeen, prolongar su vida útil y garantizar que se mantengan frescos durante mucho tiempo.

Instrucciones:

1. Colócalos en un cartón o recipiente para huevos con el extremo puntiagudo hacia abajo a fin de protegerlos de las bacterias.
2. Etiquétalos con la fecha.
3. Guarda el cartón en un lugar fresco, preferiblemente un frigorífico.
4. Coloca los huevos en el frigorífico para estabilizar su temperatura. Si los guardas en la puerta, su temperatura cambiará cada vez que la abras.
5. Utilízalos para cocinar, freír u hornear, igual que los huevos de gallina.

Los huevos de pato sólo duran tres semanas a temperatura ambiente. Si los guardas en la nevera, durarán cuatro meses. Sin embargo, si los lavas, sólo durarán unas cinco o seis semanas en la nevera.

Los huevos de pato pueden estropearse fácilmente, pero hay una sencilla prueba que puedes hacer para comprobar si siguen frescos o no.

Instrucciones:

1. Llena de agua un tarro de cristal grande o el fregadero de la cocina.
2. Coloca un huevo a la vez en el agua.
3. Los huevos frescos se pondrán de lado o se hundirán hasta el fondo.
4. Los huevos que están empezando a perder su frescura se hundirán, pero se mantendrán de pie sobre un extremo. Siguen siendo seguros, pero utilízalos de inmediato, preferiblemente para hornear.
5. Los huevos en mal estado flotan. No son seguros, así que tíralos.

Las cualidades únicas de los huevos de pato

Hay una razón por la que los huevos de pato son tan populares, y cada vez más gente los prefiere a los de gallina. Tienen cualidades únicas que los distinguen, y que van más allá de su delicioso sabor y sus beneficios nutricionales.

Larga conservación

Los huevos de pato se conservan más tiempo que los de gallina porque son más grandes, más difíciles de cascar y tienen membranas y cáscaras más gruesas. Por lo tanto, se mantienen frescos y deliciosos durante mucho tiempo.

Sabor más cremoso

Contienen altos niveles de proteínas, vitaminas, minerales, grasas saludables y más proporción de yema que de clara. Esto les da un sabor mucho más suave, cremoso y rico que los huevos de gallina.

Tamaño grande

Son notablemente más grandes que los huevos de gallina. Por tanto, resulta más económico criar patos por sus huevos que gallinas.

Ideales para hornear

Gracias a su alto contenido en proteínas y grasas, los huevos de pato son ideales para hornear. Con ellos se obtienen galletas y pan ligeros que se deshacen en la boca, suflés y merengues de gran altura, y tartas más esponjosas y deliciosas. Tienen los mismos usos culinarios que los huevos de gallina, salvo que son más sabrosos y cremosos.

Sin embargo, debido a su bajo contenido en agua, pueden tener una textura gomosa si se cuecen demasiado.

Contienen más nutrientes

Los patos a los que se deja buscar alimento producen huevos ricos en nutrientes. Un huevo puede contener niveles más altos de hierro, folato, colina, ácidos grasos, Omega-3 y vitaminas A y D que los huevos de gallina.

Diferentes tipos de proteínas

Los huevos de pato contienen un tipo de proteína diferente al de sus homólogos. Puedes consumir huevos de pato sin peligro si eres alérgico a los huevos de gallina.

Más sabor a huevo

Los huevos de pato tienen más sabor a huevo que los de cualquier otra ave. Aunque el sabor de un huevo depende principalmente de la dieta del ave, el huevo de pato tiene un sabor único. La alimentación basada en la búsqueda de comida también desempeña un papel importante. Los patos que pueden comer lo que quieran de la naturaleza producen huevos con un sabor único.

Más caros

Si piensas vender los huevos, te alegrará saber que los de pato son más caros que los de gallina. Como son más difíciles de encontrar, tienen mejores y únicas cualidades y son estupendos para hornear, muchos chefs y restaurantes de alta gama los prefieren. No tendrás ningún problema para venderlos.

Ahora que ya conoces las numerosas cualidades únicas de los huevos de pato, ¡descubramos algunas divertidas y sencillas recetas para preparar platos cremosos y deliciosos!

Quiche de huevo de pato con verduras de temporada

Este es un sabroso plato que puedes consumir en el desayuno, el brunch, la comida o la cena. Puedes cambiar la receta y experimentar con distintos tipos de verduras.

Ingredientes:

- 4 huevos de pato
- 6 onzas de espinacas tiernas
- 2 dientes de ajo picados
- 1 masa casera o de tarta
- 1 chalota picada
- 4 onzas de queso cheddar rallado
- 1 taza de leche entera
- 1 cucharadita de sal marina
- 1 cucharada de aceite de oliva

Instrucciones:

1. Precalienta el horno a 350°F.
2. Prepara la masa extendiéndola y colocándola en un molde para tartas. Si vas a utilizar masa de tarta comprada, sigue las instrucciones del paquete.
3. A continuación, vierte el aceite de oliva en una sartén grande, colócala sobre el fuego y caliéntala a fuego medio-alto.
4. Espera a que esté caliente y añade las chalotas. Deja que se sofrían durante tres minutos.
5. A continuación, añade las espinacas y el ajo y deja que se cocinen hasta que las espinacas se marchiten.
6. Vierte la mezcla en la base de la masa de tarta para formar una capa.
7. Casca los huevos de pato en un bol pequeño y mézclalos hasta que se rompa la yema.
8. Añade la sal, la mitad del queso cheddar y la leche a los huevos y bátelos para mezclarlos.
9. Vierte la mezcla sobre la de espinacas y, a continuación, esparce el resto del queso.
10. Coloca la mezcla en el horno y déjala cocer durante cincuenta minutos.
11. Sácalo del horno y déjalo enfriar durante cinco minutos. A continuación, córtalo en rebanadas y sírvelo aún caliente.

Clásica pasta carbonara con huevo de pato

Este es un popular plato italiano que puedes preparar para el almuerzo.

Ingredientes:

- 1 ramillete grande de perejil picado
- 1 diente de ajo grande picado
- 3 yemas de huevo de pato batidas
- 200 gramos de Linguini seco (un tipo de pasta italiana)
- 40 g de queso parmesano rallado
- 50 gramos de panceta ahumada en dados (tipo de carne de cerdo)
- 100 gramos de panceta ahumada en dados
- Una pizca de pimienta al gusto
- Parmesano rallado (para servir)

Instrucciones:

1. Vierte agua en una olla grande y añade sal, luego déjala hervir.
2. Pon los linguini secos en la olla y deja que cuezan durante once minutos.
3. Mientras se cuece la pasta, preparar la salsa.
4. Coloca una sartén grande vacía sobre el fuego y déjala a fuego lento.
5. A continuación, añade la panceta cortada en dados y, poco a poco, aumenta el fuego durante unos minutos hasta que la grasa de la panceta se deshaga y esta quede crujiente.
6. Retira la panceta, pero deja la grasa en la sartén.
7. Reduce el fuego a medio-alto, añade la panceta cortada en dados a la sartén y deja que se cocine con la grasa durante tres minutos.
8. A continuación, añade los ajos a la sartén y déjalos cocer hasta que la panceta empiece a estar crujiente.
9. Retira la sartén del fuego.
10. Saca los linguini de la olla y escúrrelos. No deseches el agua.
11. Añade el linguini a la olla y salpícalo con un poco del agua de la pasta.

12. Esparce el parmesano rallado y la yema de huevo de pato por la sartén.

13. Mezcla la yema con la panceta y los linguini y deja que se cocinen suavemente.

14. Añade más agua de cocción de la pasta para que la salsa quede brillante y suelta.

15. Sazona con el perejil y la pimienta negra.

16. Retuerce la pasta en los platos con un tenedor largo y espolvorea la panceta crujiente.

17. Espolvorea más parmesano rallado y sirve mientras esté caliente.

Tostada francesa de huevo de pato con manzanas caramelizadas

Disfruta de este dulce manjar para el desayuno o el brunch. Sírvelo caliente.

Ingredientes para las manzanas caramelizadas:
- ½ cucharadita de canela
- ½ taza de azúcar
- ½ taza de agua
- ¼ taza de mantequilla
- 2 manzanas

Ingredientes para las tostadas francesas:
- 2 huevos de pato
- 4 rebanadas de pan
- 2 cucharadas de mantequilla para freír
- 2 cucharadas de leche de almendras
- ½ cucharadita de canela
- 2 cucharadas de azúcar granulada

Instrucciones:
1. Pela las manzanas y córtalas en rodajas o dados.
2. Coloca las manzanas en una olla y añade media taza de azúcar, agua y mantequilla.

3. Déjalo cocer al fuego durante quince minutos y revuélvelo con frecuencia para evitar que se pegue o se queme.

4. Una vez que las manzanas se ablanden, retíralas del fuego.

5. Casca los huevos de pato en un bol pequeño y bátelos con una batidora.

6. Añade la canela, la leche de almendras y dos cucharadas de azúcar a los huevos de pato y bátelos para mezclarlos.

7. Sumerge cada rebanada de pan por ambos lados en la mezcla de huevo.

8. Calienta una sartén a fuego medio-alto, luego añade la mantequilla y deja que se derrita.

9. Añade las torrijas y deja que se cocinen por ambos lados hasta que se doren.

10. Pon las manzanas caramelizadas sobre la torrija y sirve caliente.

Arroz frito con huevo y pato al ajillo y chile

Este plato chino es fácil de hacer. No tienes por qué utilizar los mismos ingredientes en la receta. Puedes experimentar con otros diferentes y dar rienda suelta a tu creatividad.

Ingredientes:

- 2 huevos de pato ligeramente batidos
- 3 cucharadas de aceite de cacahuete o grasa de pato
- 3 dientes de ajo picados
- 2 cucharadas de salsa de soja
- 2 zanahorias peladas y cortadas en dados
- 3 cebolletas picadas (separar la parte verde de la blanca)
- 3 tazas de arroz cocido y enfriado
- 1 a 3 chiles picantes y pequeños picados
- 1 taza de guisantes frescos
- ½ libra de carne de pato desmenuzada, preferiblemente sobras
- 1 cucharada de aceite de sésamo

Instrucciones:

1. Calienta una sartén grande al fuego.

2. A continuación, añade el aceite de cacahuete o la grasa de pato y deja que se cocine hasta que humee.

3. Añade a la sartén la parte blanca de las cebolletas, las guindillas y el ajo. Remueve durante treinta segundos.

4. Añade los guisantes, las zanahorias, el arroz y la carne de pato, y remueve durante dos minutos.

5. Aparta los ingredientes de la sartén y añade los huevos de pato.

6. Deja que se cuaje mientras lo remueves con un palillo.

7. Saltéalo en el arroz y déjalo un minuto. No lo toques.

8. Debe quedar dorado y crujiente.

9. A continuación, vierte la salsa de soja sobre los bordes del arroz y mezcla.

10. Retira del fuego y añade el aceite de sésamo.

Mousse de chocolate con huevo de pato

Esta deliciosa mousse de chocolate es cremosa y sabrosa y puede ser el postre perfecto para ti y los tuyos.

Ingredientes:

- 3 huevos de pato grandes
- 1 taza de nata espesa y fría
- 2 cucharadas de café fuerte
- 4 ½ onzas de chocolate amargo picado
- 1 cucharada de azúcar
- 2 cucharadas de mantequilla cortada en cubos y sin sal
- Nata montada (opcional)
- Frambuesas (opcional)

Instrucciones:

1. Bate la nata espesa hasta que se ablande y déjala enfriar.

2. Pon el café, la mantequilla y el chocolate a baño maría sobre agua caliente. Revuelve hasta que quede suave.

3. Retira el baño maría del fuego y déjalo enfriar o hasta que el chocolate esté templado.

4. Una vez que la mezcla se enfríe, bate las claras de huevo hasta que se vuelvan cremosas y tomen forma.

5. Añade el azúcar y vuelve a batir hasta que las claras estén a punto de nieve.

6. Añade las yemas y revuelve.

7. Añade ⅓ de la nata montada a la mezcla de chocolate y revuelve hasta que se suelte.

8. A continuación, añade la mitad de las claras de huevo y revuelve.

9. Añade el resto de las claras, y revuelve.

10. Añade la nata montada y revuelve.

11. Sirve la mousse con una cuchara en platos pequeños.

12. Añade la nata montada y las frambuesas por encima para decorar, y déjalo en la nevera de ocho a veinticuatro horas.

Salmón ahumado huevos benedictinos

Si te gusta el pescado y el marisco, disfrutarás con este plato. Esta receta es similar a los huevos benedictinos con un par de giros.

Ingredientes para los huevos y la salsa holandesa:

- 3 cucharadas de mantequilla sin sal
- 1 ramita de albahaca fresca
- ¼ cucharadita de cardamomo
- 1 ramita de estragón fresco
- 2 semillas de cilantro
- 1 hoja de laurel
- 2 granos de pimienta blanca
- 1 chalota picada
- 1 diente de ajo picado
- 4 yemas de huevo de pato
- ⅓ taza de agua

Ingredientes para la cobertura de salmón ahumado:

- Una pizca de pimienta de cayena
- 1 cucharada de zumo de limón recién exprimido
- 1 cucharada de mayonesa
- ½ cucharadita de mostaza de Dijon
- 4-6 lonchas de salmón ahumado

- 2 huevos de pato
- Vinagre de vino blanco

Instrucciones:

1. Coloca la albahaca, el cardamomo, el estragón, el cilantro, el laurel, los granos de pimienta, la chalota y el ajo en una cacerola pequeña.

2. Deja que hierva a fuego lento.

3. Reduce el fuego a bajo y déjalo cocer a fuego lento durante diez minutos.

4. Cuela con un colador o una estopilla y, a continuación, reserva el líquido y desecha el resto de los ingredientes.

5. Pon las yemas de huevo a baño maría.

6. Bate hasta que las yemas se vuelvan blandas y esponjosas.

7. Añade la mantequilla a la mezcla sin dejar de batir.

8. Sigue batiendo hasta que espese.

9. Retira la salsa del fuego, cúbrela con papel de aluminio y colócala en un lugar cálido.

10. Pon los huevos de pato en agua hirviendo y espolvorea un poco de sal por encima, luego vierte un chorrito de vinagre de vino blanco.

11. Una vez cocidos, saca los huevos del agua con una cuchara.

12. Coloca la mezcla pequeña de salmón sobre los huevos de pato escalfados.

13. Vierte la salsa sobre el plato.

Flan cremoso de huevo de pato

Este es un delicioso postre que puedes preparar y guardar en la nevera durante dos días y servirle a tus invitados en un caluroso día de verano.

Ingredientes:

- 2 yemas de huevo de pato
- 4 huevos de pato
- 1 cucharada de extracto de vainilla
- 1 lata de leche condensada
- 1 ¼ tazas de azúcar granulado

- Una pizca de sal

Instrucciones:

1. Precalienta el horno a 350°F.

2. Coloca el extracto de vainilla, la sal, la leche condensada y la crema para batir en una cacerola.

3. Llévalo a fuego bajo o medio y revuelve con frecuencia.

4. Retira la cacerola del fuego y deja reposar la mezcla durante quince minutos.

5. A continuación, prepara otra cacerola y mezcla una taza de azúcar con ⅓ de agua.

6. Déjalo a fuego medio y remuévelo hasta que el azúcar se disuelva.

7. Reduce a fuego lento y déjalo cocer hasta que la mezcla espese y se caramelice.

8. Vierte la mezcla de azúcar en copas de flan.

9. Ponte unos guantes de cocina y mueve los lados de la mezcla en cada taza.

10. Coloca los moldes en una fuente de horno grande.

11. Bate las yemas y los huevos enteros con la mezcla de leche.

12. Vierte la mezcla en las tazas (divídelas uniformemente).

13. Hierve agua y viértela en el molde.

14. Métalo en el horno y déjalo cocer durante cuarenta minutos.

15. A continuación, retira el molde del horno y deja enfriar las tazas.

Los patos ponen huevos todos los días. Revisa tu bandada por la mañana y recógelos enseguida. Manipula los huevos con cuidado para evitar que se rompan. Límpiales el barro con una toalla húmeda o seca. Evita lavarlos, o acortarás su vida útil. Si los usas enseguida, puedes lavarlos para quitarles la pruina, ya que es antihigiénica.

Los huevos de pato son únicos en más de un sentido. Son grandes, deliciosos, cremosos y tienen una larga vida útil. Puedes incorporarlos a muchas recetas, y pueden alterar el sabor y la textura de tu plato. También tienen muchos beneficios para la salud, y puedes utilizarlos en lugar de huevos de gallina en cualquier receta.

Capítulo 8: Consideraciones éticas y mejores prácticas

Puede que la cría de patos no esté tan de moda ni sea tan rentable como la de pollos, pero esta práctica va en aumento. Incluso se ha convertido en una tendencia emergente en muchas partes del mundo.

Los patos, especialmente los patitos, son absolutamente adorables. Se los puede adiestrar hasta cierto punto o simplemente jugar con ellos al aire libre. Los patitos imbuidos se quedarán contigo durante toda su vida. Los huevos de pato son más grandes y nutritivos que los de gallina. Por último, estas aves acuáticas también son una gran fuente de carne.

Los patos, especialmente los patitos, son absolutamente adorables
https://pixabay.com/photos/ducklings-pair-birds-beaks-animals-1853178/

Si te apasiona la avicultura, no hay motivo para que no críes patos. No te límites a subirte al carro para ganar aceptación o popularidad publicando bonitas fotos y vídeos de patitos en las redes sociales. No hay nada malo en ello, pero no debe ser la única razón para criar estos adorables animales.

Cría patos por las razones correctas y, lo que es más importante, críalos de la forma correcta. Para ello, tendrás que entender las ambigüedades morales que rodean a las distintas técnicas.

Consideraciones éticas sobre la cría de patos

Criar patos como mascotas no tiene ningún conflicto ético, excepto uno, y es grande. Es el argumento universal contra la tenencia de todos los animales como mascotas. La lógica es la siguiente. En una democracia, tú eliges estar bajo la autoridad del presidente. Tú has elegido a esa persona para gobernar tu país. Ellos tienen tu consentimiento, y tú tienes su consentimiento para gobernarte.

Tomemos un ejemplo más cercano. Un empleado trabaja para su empleador. Ha elegido trabajar bajo la autoridad del empresario. El empresario ha consentido que el empleado trabaje a sus órdenes. El consentimiento es mutuo.

En el caso de animales o pájaros, tú eres el único que consiente en ponerlos bajo tu autoridad y convertirlos en tu mascota, ya que la criatura no puede comunicar su consentimiento. Puede que con el tiempo aprenda a quererte, pero mientras adoptas o compras al ser, puede que te odie por quitarle su libertad. Puede que te guste su aspecto y su comportamiento, pero aún no conoce sus sentimientos hacia ti.

En el caso de animales o pájaros, tú eres el único que consiente en ponerlos bajo tu autoridad y convertirlos en tu mascota, ya que la criatura no puede comunicar su consentimiento
https://www.pexels.com/photo/woman-apple-iphone-smartphone-4056509/

La situación es similar a la de un acosador que secuestra a su presa. La persona secuestrada puede odiar al acosador por haberle quitado la libertad. Con el tiempo, si se los trata bien, pueden empezar a querer a su secuestrador. Es la cruda realidad de tener mascotas. Sabes que el animal o el pájaro está mejor contigo, pero él no lo sabe. Así es la vida, la supervivencia del más fuerte. Aceptémoslo como un bien mayor y sigamos adelante.

O bien, ¿piensas criar patos sólo con fines prácticos, como la producción de huevos y carne? Es comprensible que tengas miedo de encariñarte demasiado con ellos. Pero eso no significa que debas ignorar por completo su cuidado. ¿Sabías que los patos sanos y bien cuidados ponen más huevos y producen mejor carne? En cualquier caso, hay algunas consideraciones éticas que debes tener en cuenta.

• No dejes a un pato sin compañía

Los perros y los gatos pueden prosperar con tu mera compañía. Los patos, sin embargo, rara vez pueden sobrevivir sin otros patos o patitos. Incluso si lo consiguen, seguirán atribulados durante toda su vida y tendrán una muerte miserable. Al igual que los humanos, sienten soledad y tristeza. Necesitan socializar, procrear y comunicarse.

• No tengas un pato en casa

Al igual que la mayoría de las aves, los patos valoran su libertad. Puede que no vuelen mucho, pero les encanta nadar y pasear a cielo abierto. Si los tienes encerrados en casa, se sentirán abrumados por emociones negativas y es posible que reaccionen haciendo mucho ruido o incluso poniéndose violentos.

• No los deje libres todo el tiempo

Los patos requieren cuidados adecuados, y los patitos aún más. Tienen muchos depredadores, desde los atrevidos cuervos hasta los feroces linces. Si los dejas vagar libres por tu vecindario, un halcón puede abalanzarse y llevarse a los patos, o un mapache puede robar los patitos. Asegúrate de construir un corral seguro para que jueguen o mantén cerrada la puerta del patio trasero.

• No alejes a los patos del agua

A los patos se las llama aves acuáticas por una buena razón. Se bañan y juegan en el agua. Necesitan agua para limpiarse las plumas y eliminar la suciedad de los ojos y las fosas nasales. Además, les encanta chapotear en una piscina, nadar durante largas horas y sumergir la cabeza para limpiarse todo el cuerpo.

• Elige la raza según tus necesidades

Las distintas razas de patos se especializan en acciones diferentes. Por ejemplo, los patos Khaki Campbell producen el mayor número de huevos de todas las razas. Por otro lado, el Pekín Blanco es más conocido por la calidad de su carne. Si quieres un pato como mascota, puedes considerar un Magpie. Es agradable a la vista y rara vez tiene problemas: un pato perfecto para principiantes.

• No críes patos sólo para probar la avicultura

Los patos no son ideales para iniciar tu aventura en la avicultura. Prueba con pollos o perros si eres nuevo en el cuidado de animales y aves. Los patos son sobre todo para cuidadores experimentados. La razón principal es su longevidad. Los patos pueden vivir casi 20 años.

Con el tiempo, si ya no quieres cuidar de ellos, no puedes dejarlos en la naturaleza y esperar que sobrevivan. Probablemente no sobrevivan ni una semana en la naturaleza.

Aunque abandonar a cualquier animal o ave a tu cuidado es cruel, el abandono de patos es especialmente despiadado. Es cierto que pueden sobrevivir en una bandada, como habrás leído en un capítulo anterior. Los patos domésticos tienen un carácter totalmente distinto. Pueden ser menos cuidadosos y más propensos a ser atacados por depredadores.

Ahora que ya sabes lo que no debes hacer al criar patos, a continuación te explicamos lo que puedes hacer respetando la ética de todo el proceso.

Mejores prácticas de cría de patos

Hasta ahora, has aprendido las técnicas básicas y avanzadas de la cría de patos. Es hora de echar un vistazo a todo lo que puedes hacer para sacarle el máximo provecho. Las mejores prácticas varían en función de tus motivos para criar patos.

Criar patitos

Los patos necesitan muchos cuidados, y los patitos aún más. Como son criaturitas adorables, no sentirás ni un ápice la carga de tus quehaceres.

- **Alimentación:** Los patitos sólo necesitan alimentos diferentes a los de los patos durante las dos o tres primeras semanas de vida. Debes asegurarte de que su alimentación sea rica en proteínas (al menos un 20%). También debes darles una cantidad decente (alrededor de 0,45 mg por 500 gramos de peso corporal) de niacina (vitamina B-3) al día. La carencia de niacina puede causar graves problemas, desde cojera hasta deformidades corporales.

- **Agua:** ¿Sabías que la salud de tu patito empezará a deteriorarse en sólo unas horas sin agua? Necesitan agua después de despertarse, antes y después de comer, antes de jugar, mientras juegan, después de jugar y antes de irse a dormir. ¡Ya me entiendes!

En promedio, un pato bebé consume medio galón de agua a la semana, lo que no parece mucho. Eso es porque también tienden a chapotear en el agua, derramando la mayor parte. Lo ideal es tener una fuente para bombear agua limpia de vez en cuando. Pero si utilizas una bañera o un cubo, asegúrate de rellenarlo con agua limpia cada pocas horas.

- **Nadar:** Normalmente, los patitos pueden aprender a nadar poco después de nacer. El problema radica en su capacidad para defenderse del frío. Los patos adultos no se resfrían después de nadar porque segregan una capa de aceite impermeabilizante en las plumas. Los patitos necesitan unas cuatro o cinco semanas para empezar a producir ese aceite y protegerse del frío. Puedes meter a tus patitos en el agua antes de las cuatro semanas, pero procura que no permanezcan demasiado tiempo. En cuanto salgan del agua, ponles una lámpara de calor o colócalos en una incubadora para que no pasen frío.

- **Cría:** Los patitos pueden criarse en cualquier tipo de criadero, pero es mejor hacerlo en un nido. Puedes utilizar una lámpara de calor o una placa calefactora. Mantenlo bien ventilado y con un suministro constante de agua. Sólo necesitan espacio suficiente para moverse un poco, así que no hagas el nido demasiado grande. Ajusta la temperatura a unos 85 grados F, y puedes reducirla unos 5-6 grados cada semana. Sólo necesitan incubar durante las dos o cuatro primeras semanas tras la eclosión.

- **Lecho:** Los patitos están más cómodos en un lecho de paja, que además absorba la humedad. Como los patitos ensucian mucho, tendrás que cambiar el lecho a menudo, y la paja es fácil de encontrar y sustituir. Cuanto más cortos sean los tallos, más a gusto estarán los patitos. Otras alternativas son el heno viejo, las virutas de pino o el mantillo.

Criar patos para carne

Los patos suelen estar listos para el consumo a las 7-8 semanas, por lo que no pueden criarse como patos de compañía.

- **Razas/Especies:** No todas las razas de patos son ideales para la carne. Algunas razas no son del gusto de todos, como el pato palero. En cambio, otras son perfectas para el consumo humano. Si estás pensando en criar un surtido de patos para carne, considera la posibilidad de empezar con un Pekín o un Muscovy. Más adelante podrás pasar a un Moulard o un Rouen.

- **Alimentación:** Dado que los patos se destinarán a la producción de carne en cuanto estén listos, deberás darles una dieta muy rica en proteínas. La proporción recomendada es de un 25% al principio y de un 20% a partir de la 7ª u 8ª semana.

- **Agua:** Mantén una fuente constante de agua potable en las proximidades, como un bebedero para patos. Asegúrate de que esté limpia en todo momento, ya que consumirás lo que ellos beban. Los patos maduros necesitarán más agua que los patitos (aproximadamente de 0,20 a 0,50 galones).

- **Nado:** Los patos no necesitan nadar, pero serán más felices si pueden hacerlo al menos una vez al día. Coloca una fuente o cuenco poco profundo para que los patitos no se ahoguen. Cuando maduren y puedan flotar durante horas, déjalos jugar en una piscina más profunda y ancha.

- **Empollado:** Puesto que los patos de ocho semanas no van a producir huevos, su casa de cría debe construirse como la de los patitos. Mantén una temperatura de unos 80º F.

- **Lecho:** No es necesario que cambies el lecho de tus patitos cuando se conviertan en patos. Si hasta ahora has utilizado paja, sigue con ella. Se habrán acostumbrado a tenerla debajo mientras duermen. Si cambias el material por heno en mitad de su crecimiento, puede que empiecen a sentirse incómodos.

Criar patos para huevos

Si vas a criar patos sólo para consumir o vender huevos, entonces no es una opción viable. Los costos de criar patos serán mucho más elevados que los de los huevos comprados en un supermercado. También puedes plantearte criarlos para obtener carne o simplemente tenerlos como mascotas.

Las hembras suelen empezar a poner huevos a los seis o siete meses. Pueden seguir produciendo una cantidad relativamente alta de huevos hasta alrededor de los ocho años de edad, momento a partir del cual su capacidad de puesta empieza a disminuir gradualmente, hasta detenerse por completo unos dos años más tarde. Si los crías también para carne, se recomienda sacrificarlos a los 18 meses.

- **Razas/Especies:** Aunque todas las hembras de pato ponen huevos, el número de huevos puestos al año varía de una especie a otra. La Khaki Campbell es la preferida por la mayoría de los amantes de los huevos de pato a nivel mundial. Pone unos 300 huevos al año y es una de las razas más fáciles de cuidar. Los patos Corredores, procedentes sobre todo de Malasia, también pueden alcanzar los 300 huevos. Para una gama decente de unos 200-250 huevos al año, puedes considerar la cría de Magpie, Saxony, Pekin, Ancona o Welsh Harlequin.

- **Alimentación:** Cuando estén en la fase de patitos, necesitarán alrededor de un 20% de proteínas y una cantidad decente de niacina. Su alimentación (tanto la de los patitos como la de los patos) debe ser especialmente rica en calcio (en torno al 4%) para garantizar unos huevos fuertes. La mayoría de los alimentos para patos disponibles en el mercado contienen la proporción adecuada de nutrientes, pero no está de más comprobarlo antes de comprarlos.

- **Agua:** Al igual que los patitos y los patos de carne, las ponedoras también necesitan mucha agua para producir huevos de buena calidad. Mantén cerca de su casa una fuente que fluya y se refresque a menudo con agua limpia. Un estanque requiere que limpies el agua poco después de que beban.

- **Nado:** Las ponedoras de huevos nadan el mismo tiempo que los patos de carne, así que asegúrate de construir una piscina exterior.

- **Empollado:** Las distintas razas de patos empollan durante periodos de tiempo diferentes. El Khaki Campbell requiere al menos tres semanas de cría, mientras que el Pekín puede hacerlo en dos semanas. La cámara de cría debe ser la misma que la mencionada para los patitos. Recuerda que la humedad, la ventilación y el calor son fundamentales para la crianza: Los patos necesitan ventilación tanto como protección frente a los depredadores. Su corral debe tener muchas ventanas y un tejado para mantener a raya a los carnívoros voladores. No necesitas crear un lecho especial para los patos adultos. Ellos buscarán los materiales necesarios y construirán un nido por su cuenta. Para ayudarlos, basta con colocar cerca un montón de paja o un fardo de heno viejo.

Criar patos como mascotas o decoración

¿Quieres presumir de tus patos ante tus amigos y vecinos o en las redes sociales? Prueba criar razas conocidas por su belleza. Los patos ornamentales no suelen ser conocidos por el sabor de su carne, y sus huevos son simplemente una ventaja añadida (pueden producir unos 100-200 huevos al año). En el caso de los patos de compañía, lo más importante es su salud.

En el caso de los patos usados como mascotas, lo más importante es su salud
https://www.pexels.com/photo/selective-focus-photo-of-flock-of-ducklings-perching-on-gray-concrete-pavement-1300355/

- **Razas/Especies:** Debes tener mucho cuidado al elegir la raza de tus mascotas. Todos los patitos son adorables, pero la cuestión es cómo serán de mayores. ¿Quieres darle un toque de color a tu corral? Elige las razas de pato Mallard, Cayuga y Wood. ¿Quieres crear un ambiente sobrio? Nunca te equivocarás con los patos Rouen o Buff Orpington.

- **Alimentación:** La alimentación de tus patitos es la misma que la mencionada en un apartado anterior. Una vez que se conviertan en adultos, puedes dejar que busquen comida por su cuenta. Comerán insectos, bichos, lombrices de tierra e incluso algunas hojas y raíces de plantas. Para una nutrición adecuada y a salvo de los depredadores, mantén siempre lleno su comedero para que no tenga que aventurarse en la naturaleza.

- **Agua:** Las necesidades de agua de los patos domésticos y ornamentales son las mismas que las de las demás razas (de 0,25 a 0,50 galones al día).

- **Nado:** Necesitan nadar a menudo -como todas las demás razas de patos-, así que construye una piscina suficientemente grande a su alcance.

- **Empollado:** Las ponedoras, aunque pongan menos huevos que otras especies, necesitan empollar durante un número determinado de semanas. Su corral de cría no tiene por qué ser diferente del de otras razas.

- **Lecho:** La paja es el lecho más utilizado por los patos de compañía, al igual que sus congéneres de carne y de puesta de huevos.

Consejos para el sacrificio casero de patos

Como ya sabrás, la mayoría de los patos de carne están listos para ser sacrificados al cabo de unas 7 semanas. No obstante, es prudente esperar unos meses antes de sacrificarlos para poder sacarles más carne. Los tiempos de espera varían según la especie. Por ejemplo, los patos Muscovy alcanzan el peso ideal de dos kilos en unos cuatro meses, mientras que los Pekin pesan 4 kilos en sólo dos meses. Una vez que estén listos, sigue los siguientes consejos para obtener una carne óptima de tus patos.

- No alimentes a los patos durante unas 14 horas antes del sacrificio para facilitar el proceso.

- Matar a un pato con un cono de matanza es más fácil y más humano, pero si no encuentras un cono lo suficientemente grande, puedes considerar colgarlo con una cuerda atada a las patas y luego matarlo.

- El proceso de despiece comienza con el desollado o el desplume. Asegúrate de que el cuchillo de carnicero está bien afilado al desollar. Antes de desplumarlo, debes escaldarlo en una olla con agua caliente. A continuación, desplúmalo a mano.

- Coloca el pato debajo de un grifo o cerca de un lago para garantizar una limpieza rápida y fácil.

- Coloca la carne desplumada en la nevera durante 24 horas antes de trasladarla al congelador.

Sacrificio humanitario de patos

- Coloca el pato boca abajo en el cono de matanza. Esta postura invertida hará que sus últimos momentos sean más tranquilos y relajantes.
- Sujeta la cabeza por el pico y corte con el cuchillo ligeramente por encima de la mandíbula. Ahí es donde se encuentra su arteria principal. No sentirá ningún dolor y se desangrará rápidamente.

Capítulo 9: Integración, compañerismo y crianza

Al igual que los humanos tienen estructuras y normas sociales complejas, los patos tienen su propia forma de establecer el orden. Para criar patos, es necesario comprender su orden social, de modo que puedas conocerlos a su nivel. Reconocer que los distintos entornos afectarán a tus aves de distintas maneras es el principio para entender el comportamiento de los patos. Debes encontrarte en el medio interpretando su lenguaje corporal y sus respuestas conductuales. Observar a tus patos puede revelarte detalles sobre sus deseos y necesidades.

Prestar atención a los detalles es clave para criar con compasión a estas interesantes aves. Al igual que los humanos, pueden ser crípticos y difíciles de entender si no estás bien informado. Al igual que debes observar el tono y el lenguaje corporal para comprender lo que una persona está comunicando, en el caso de los patos puedes interpretar su estado de ánimo, su mentalidad y su personalidad a través de la forma en que se relacionan contigo y con tus otros animales. Mediante esta comunicación sutil, descubrirás hasta qué punto cada pato es único en función de su temperamento y sus interacciones contigo. El reino de los patos está lleno de personajes, así que nos espera un turbulento pero divertido viaje. No dejes que las pequeñas jorobas te despisten. Cuando se trata de estos animales, la perseverancia es la clave.

Los patos tienen el corazón en las alas. Si sabes en qué fijarte, sabrás inmediatamente cuándo no están contentos. Los patos muestran complejas interacciones interpersonales, desde sus vínculos con los cuidadores hasta su socialización en grupo. Comprender estos comportamientos puede ayudarte a criar patos y a crear un hogar que maximice su bienestar. El respeto y la paciencia son los pilares que sostienen el éxito de la cría de patos. Tomar decisiones pensando en los intereses de tus patos dará como resultado una manada feliz y sana.

En función de los resultados que desees obtener, deberás crear un hábitat para patos que apoye los objetivos que prevés para tu bandada. El cuidado de los patos es diferente si los cría para producir o como mascotas. Los patos pueden ser agresivos y a menudo pican a las personas. Para evitar lesiones en las aves o en las personas con las que se cruzan, debes ser consciente de las señales de advertencia de la agresividad y de lo que es más propicio para un entorno tranquilo. En esencia, si te portas bien, tus patos se portarán bien. Sólo tienes que entender que ellos perciben el mundo de forma distinta a la tuya, por lo que la comunicación requiere un cambio de perspectiva.

La magia de la cría de patos radica en llegar a un punto de entendimiento entre especies. Cuando aprendas a descodificar los sonidos y las acciones de tus patos, conocerás mejor su mundo. Además, abrirás una puerta para que tus animales conecten contigo. La cría ética de patos exige crear un entorno que les permita estar cómodos, tranquilos y contentos. Como criaturas sociales que son, los patos entablarán una relación contigo como cuidador y con los demás miembros de tu bandada. Debes facilitar un comportamiento deseable porque pequeños errores pueden cargar de agresividad a unos patos intolerables.

Interacciones sociales de los patos

Los patos funcionan dentro de grandes grupos sociales. Es posible criar un pato solitario, pero formarán vínculos contigo. Los grupos de patos se denominan *bandadas*. Los patos salvajes migran para seguir patrones climáticos favorables, pero los domésticos suelen quedarse en la zona donde se criaron. Estas peligrosas migraciones son parte de la razón por la que los patos han formado estructuras sociales tan complejas. En la naturaleza, para que los patos sobrevivan, la cooperación significa la diferencia entre remar con gracia por un estanque pintoresco o convertirse en un tentempié al mediodía.

Los patos funcionan en grandes grupos sociales
https://pixabay.com/photos/ducks-chicks-mallards-birds-7251870/

Los patos han desarrollado una jerarquía social lineal conocida como orden jerárquico, sobre todo a la hora de aparearse. Las hembras ponen huevos en función de quién sea la de mayor rango. La que lleva la delantera pone huevos primero, y el resto la siguen en orden descendente de importancia. Los patos machos, o drakes, también tienen un orden similar, siendo el macho líder el primero en aparearse. Las hembras cuidan de sus huevos de forma colectiva. El orden jerárquico también se aplica a la alimentación: los patos líderes comen primero y los de rango inferior, al final.

No todas las razas son iguales. Algunas son dóciles, mientras que otras son más agresivas. Debes pensar en ello antes de decidir qué patos vas a criar. Razas como el pato Pekín protegen sus nidos con más agresividad, lo que a menudo provoca conflictos con personas u otros animales. Al elegir una raza para criar, es esencial sopesar la dinámica de tu propiedad. Si tienes perros, quizá te convenga una raza menos agresiva, porque un altercado entre un perro y un pato puede tener consecuencias sangrientas. Los patos atacan a los niños pequeños si sienten que sus nidos están amenazados, así que si tienes pequeños correteando, deberás educarlos sobre cómo comportarse con los patos. Es preferible elegir una raza más adecuada para que los niños interactúen con ella.

Una forma de reducir la agresividad es separar a las hembras de los machos. Tanto las hembras como los machos pueden ser protectores con sus parejas, por lo que mantener una mezcla de ambos sexos no suele acabar bien, sobre todo entre las razas más agresivas. El espacio también puede ser un problema, porque la biología evolutiva de los patos está pensada para recorrer largas distancias y moverse mucho. Por lo tanto, no es aconsejable tener patos en casa, ya que puede crear angustia a quienes prefieren la amplitud.

Vínculos con los cuidadores

Las inclinaciones sociales de los patos facilitan el establecimiento de vínculos con ellos. A diferencia de otras especies de aves que son solitarias e incapaces de interesarse por uno, los patos son seres sentimentales. Uno de los acontecimientos clave que ponen de manifiesto la naturaleza social de los patos es el fenómeno de la impronta. Cuando un patito sale del cascarón en la naturaleza, se imprime en su madre y en algunos de sus hermanos. La impronta es un vínculo que se forma y que ayuda al patito a determinar a quién debe seguir. Si eres el cuidador principal de un patito, se fijará en ti, sobre todo si no hay otros patos cerca.

Si un pato se fija en ti, identificará a los humanos como parte de su círculo social mientras viva. Esto podría ser útil en un entorno donde los patos interactúan a menudo con la gente. Los especialistas en fauna salvaje han advertido que no se debe inducir a los patos salvajes a que tomen improntas de los humanos, ya que esto los pone en desventaja en el mundo natural. Para los animales domésticos, la impronta no es un problema. Los patos que han dejado impronta en los humanos no serán necesariamente socializados y amistosos. El proceso de impronta significa que los patos no temerán a los humanos, lo que podría tener el efecto adverso de provocar un comportamiento agresivo.

No es aconsejable dejar que tus patos se impriman en ti, aunque parezca una gran experiencia. Los patos imbuidos están muy lejos de la pintoresca imagen de una princesa bailando por un sendero del bosque con animales mansos siguiéndola mientras canta notas altas. Los patos con impronta humana están en desventaja porque se quedan atrapados en un extraño limbo en el que no pueden socializar plenamente con patos o humanos. Por lo tanto, los patitos deben pasar la mayor parte del tiempo con su madre para socializarse plenamente en la comunidad de patos. Cuidar a los patitos es importante en esta primera y vulnerable etapa de su vida, pero no puede hacerse sacrificando su bienestar a largo plazo.

Los patos silvestres que han dejado impronta en los humanos nunca pueden ser devueltos a su hábitat natural. Por lo tanto, si tus patos han tomado tu impronta, es un compromiso de por vida. Los patos domesticados pasan toda su vida en una granja o en una granja doméstica, por lo que la impronta humana en ese contexto no es tan perjudicial. Los patos están genéticamente predispuestos a establecer relaciones sólidas con su sistema de apoyo. Como vas a criar patos, ya estás integrado en su círculo social.

Cómo introducir nuevos patos en una bandada existente

Dado que los patos pueden ser conflictivos, la introducción de nuevos ejemplares en la bandada debe estar bien pensada y planificada. No basta con echar un pato nuevo al estanque y esperar que todos se lleven bien. Al igual que los humanos tienen formalidades y reservas a la hora de conocer a gente nueva, los patos deben seguir protocolos sociales similares. Lo primero y más importante, antes de introducir un nuevo pato en la bandada, es realizar una evaluación sanitaria. Los patos son resistentes, pero pueden enfermar. La evaluación médica de tu nuevo pato debe incluir comprobaciones de enfermedades respiratorias, problemas de movilidad y parásitos. Los patos son sociables e interactúan entre sí en estrecha proximidad, por lo que cualquier enfermedad infecciosa tiene la mezcla perfecta de variables para propagarse rápidamente. Durante el periodo de evaluación médica, los nuevos patos deben permanecer en cuarentena.

También es importante el momento en que se introducen los nuevos patos. La época de apareamiento de los patos es en primavera. Es un pésimo momento para introducir nuevos miembros. Las hormonas se están volviendo locas, por lo que el comportamiento errático está casi garantizado. Los machos demasiado entusiastas también pueden dañar a las nuevas hembras que se introducen en la bandada.

Además, las hembras también pueden ser competitivas en esta época debido a sus hormonas, por lo que esto podría dar lugar a enfrentamientos con una nueva hembra. Si adquieres nuevos patos durante la época de apareamiento, lo mejor sería mantenerlos separados hasta que termine la temporada. La primavera puede ser volátil para los patos, por lo que meter a alguien nuevo en la mezcla podría ser agitar la olla demasiado.

Si tienes varias bandadas, puedes introducir al nuevo pato en el grupo que consideres más acogedor. Puedes observar las interacciones de tus patos a diario para saber cuál de tus bandadas es más tranquila. Si una bandada ya es caótica, puede ser desaconsejable intentar introducir nuevos patos porque esa energía se dirigirá hacia el recién llegado. Será más fácil si la bandada en la que se introduce un nuevo pato ya es dócil y sumisa. Esta bandada sumisa es con la que tendrá más facilidad durante las introducciones.

Los nuevos patos que desees integrar deben introducirse gradualmente en la bandada. Un método que puedes utilizar es mantener al nuevo pato separado, pero en un lugar adyacente donde los patos puedan interactuar sin contacto físico directo. Esto puede darle tiempo a la bandada para adaptarse al nuevo miembro. Un cambio repentino puede resultar chocante, por lo que es justo dar tiempo a los patos para que se adapten al cambio. Recuerda que los patos forman fuertes vínculos sociales, por lo que aún no han conectado con el nuevo pato, que es un extraño. Durante este periodo inicial de integración, debes vigilar de cerca a tus patos para asegurarte de que nadie resulte herido.

En las fases iniciales de la incorporación de un nuevo pato a la bandada se producen algunas peleas. Este conflicto es normal porque debe establecerse el orden social del grupo. Las peleas son la forma que tienen los patos de organizarse en una jerarquía ordenada. Tu observación consistirá en asegurarte de que las peleas no se te vayan de las manos, porque no querrás que ninguno de tus patos resulte gravemente herido. La alimentación puede ser otro problema a la hora de introducir nuevos patos. Observa lo bien que comen tus nuevos patos porque es habitual que una bandada original expulse a los nuevos miembros de las zonas de alimentación. Sin embargo, un pato nuevo puede integrarse plenamente en la bandada al cabo de un par de semanas con tu ayuda y orientación.

Comportamientos de apareamiento

La época de apareamiento es interesante para los patos. Al igual que las relaciones humanas, la vida amorosa de los patos puede volverse complicada y competitiva. Los patos comunican sus intenciones de apareamiento con el lenguaje corporal. Sus rituales de cortejo incluyen mucho coqueteo. Los machos atraen a las hembras con elaborados bailes en los que mueven la cabeza y muestran sus plumas. Una hembra interesada moverá la cabeza junto con el pato macho en un elaborado ejercicio de cortejo.

Los rituales de cortejo de los patos incluyen mucho coqueteo
https://pixabay.com/photos/rubber-ducks-wedding-wedding-couple-2402752/

Los machos despliegan las alas y levantan la cola para mostrar sus coloridas plumas secundarias y atraer a la hembra. A continuación, el macho se sumerge en el agua y vuelve a salir emitiendo un gruñido. Esta exhibición suele hacerse en grupo para que la hembra pueda elegir al mejor pretendiente. Los patos utilizan diversas vocalizaciones y lenguaje corporal para comunicar sus intenciones y sentimientos. Los silbidos son un signo de agresividad, mientras que otras variaciones de graznidos y pitidos comunican que están contentos o disgustados. Estas vocalizaciones pueden utilizarse para colaborar, como cuando los patos vuelan juntos en formación.

Las hembras interesadas en el cortejo mantienen la cabeza baja, cerca del agua, mientras nadan distancias cortas. También mueven la cabeza arriba y abajo para mostrar su deseo. La competencia puede llegar a ser feroz, ya que cada hembra y cada macho intentan conseguir el mejor intermediario para su genética. En la época de apareamiento, los patos se pelearán más y serán extra agresivos. Ten en cuenta que, si no tienes cuidado, los patos pueden hacerte daño a ti y a tus otros animales en la época de celo. Presta atención a su lenguaje corporal y a sus vocalizaciones, porque suelen avisar antes de atacar. Un buen hábito a adoptar durante la época de celo es comprobar si tus patos están heridos debido al mayor riesgo de peleas durante este periodo.

Los patos son semimonógamos. A diferencia de otras especies de aves, como los pingüinos, que se aparean de por vida, los patos eligen una nueva pareja cada temporada. La ventaja evolutiva de esto es la capacidad de elegir las parejas más adecuadas cada año, ya que pueden haberse deteriorado con el tiempo. Si tu objetivo es criar a tus patos, debes mantener una proporción equitativa entre hembras y machos. Esto minimizará los conflictos y te ayudará a mantener un flujo constante de nuevos patos maximizando tu capacidad de cría.

Anidación e incubación

Los patos construyen nidos minimalistas en el suelo con ramitas, cañas y hierba. Si quieres recolectar huevos, debes crear un espacio con los requisitos adecuados que una hembra pueda utilizar para construir un nido. Los nidos de pato en el suelo explican por qué se vuelven protectoras después de poner los huevos. Un nido en el suelo es fácilmente accesible a los depredadores y puede ser pisoteado por error. Para encontrar nidos, debes buscar en zonas de juncos que estén cerca del agua. Los patos son emocionales e inteligentes, por lo que debes ser cuidadoso y respetuoso al manipular sus nidos o huevos. Aborda el proceso de recolección de huevos con sumo cuidado.

Como criador, quizá quieras asegurarte de que todos tus huevos eclosionan. Por ello, puedes incubar los huevos. Los huevos de pato tardan unos 28 días en eclosionar dentro de una incubadora. La humedad y la temperatura son importantes en esta fase porque ligeros cambios pueden desbaratar este delicado proceso biológico. La humedad de la incubadora debe oscilar entre el 44% y el 55% durante los primeros 25 días. En los tres últimos días, puede aumentar la humedad hasta el 65%. Los huevos deben girarse 180 grados cinco veces al día. Debes tener cuidado de no molestar demasiado a los huevos. Hay un preciso equilibrio que debe alcanzarse con la incubación de patos. Algunas incubadoras más sofisticadas giran los huevos automáticamente.

Criar patitos

Como cualquier otro animal joven, los patitos requieren cuidados adicionales. Tus patitos serán criados principalmente por su madre, o los criarás a mano en una incubadora. Si crías a tus patitos sin una hembra, serás responsable de darles lo que la hembra les habría dado, como comida, calor, cobijo y seguridad. La incubadora en la que se crían los patos debe ser blanda y cómoda.

El control de la temperatura es esencial para criar patitos sanos. El entorno en el que viven debe estar a 90 grados. Al cabo de unos días, baja la temperatura a 85 grados. A continuación, puedes bajar la temperatura cinco grados cada semana hasta que tengan unos treinta días. Un patito tarda unos tres meses en crecer completamente. La calefacción se hace con una lámpara. Si ves que los patitos se acurrucan bajo la lámpara, significa que tienen frío. Si los patitos jadean y evitan la lámpara, es que tienen demasiado calor.

Los patitos nadan desde el primer día. Puedes iniciarlos en un recipiente pequeño o incluso en una bañera antes de introducirlos en una masa de agua más grande. Pasan gran parte de su tiempo en el agua. Asegurarte de que tus patitos nadan felices es un ejercicio que apreciarán de verdad. Cuanto más crezcan los patitos, más tiempo podrán pasar fuera, al sol y al aire libre. Los depredadores, como gatos, serpientes y pájaros, son peligrosos para tus patitos. Igual que una madre protege a su cría, tú también debes vigilar cuando los patitos estén en el jardín. El color amarillo brillante de las plumas empezará a cambiar lentamente a medida que crezcan y es un indicador de madurez. También tienen un alimento especializado que puedes conseguir en distribuidores calificados, pero además pueden comer gusanos de la harina, melón troceado y avena cocida. Por último, asegúrate de que tus patitos tengan un suministro constante de agua potable en un recipiente pequeño.

Capítulo 10: Desafíos, soluciones y preguntas frecuentes

La cría de patos se convierte en un juego de niños cuando conoces los retos que conlleva. Mantener el enfoque correcto y aplicar las soluciones adecuadas hará que tu viaje de cría de patos sea agradable y sin complicaciones. He aquí un rápido repaso de los problemas y retos sanitarios más comunes.

Criar patos puede suponer una serie de retos, pero vale la pena
https://www.pexels.com/photo/duckling-on-black-soil-during-daytime-162140/

Desafíos en la cría de patos

Problemas de salud

Calidad del agua: Los patos dependen mucho del agua. Asegúrate de ofrecerles agua limpia y fresca en todo momento. El agua estancada o sucia puede provocar problemas de salud, por lo que debes cambiarla con regularidad. Además, los patos deben tener acceso a una piscina poco profunda para nadar y limpiarse.

Parásitos: Inspecciona regularmente a tus patos en busca de parásitos externos como ácaros y piojos. Éstos pueden causar molestias y diversos problemas de salud. Consulta a un veterinario para determinar los tratamientos adecuados y las medidas preventivas para mantener a tus patos libres de parásitos.

Problemas respiratorios: Los patos desarrollan enfermedades respiratorias, sobre todo en entornos húmedos e insalubres. Mantener una ventilación y limpieza adecuadas puede prevenir de forma significativa la proliferación de bacterias nocivas o gases tóxicos como el amoníaco.

Botulismo: Los patos son susceptibles de contraer botulismo, una enfermedad potencialmente mortal causada por toxinas producidas por bacterias presentes en el agua contaminada. Mantén limpia la zona donde viven y elimina cualquier fuente potencial de contaminación. No los alimentes con comida en mal estado o mohosa.

Conductas agresivas

Socialización: Los patos tienen un orden jerárquico y pueden mostrar agresividad, sobre todo cuando se introducen nuevos miembros en la bandada. Introduce gradualmente nuevos patos, dándoles tiempo para establecer su jerarquía. Supervisa sus interacciones y facilítales escondites para reducir el estrés.

Espacio: El hacinamiento puede provocar agresiones. Asegúrate de que tus patos tengan suficiente espacio en la zona donde viven para moverse cómodamente. La falta de espacio también puede provocar estrés y problemas de salud.

Escondites: Los patos necesitan lugares donde esconderse o escapar. Facilítales escondites en su recinto, como cajas o arbustos, para que puedan retirarse si lo necesitan.

Preocupaciones dietéticas

Dieta equilibrada: Los patos necesitan una dieta equilibrada que incluya gránulos, cereales y verduras. No dependas únicamente del pan o de golosinas poco saludables, ya que esto puede provocar desequilibrios nutricionales.

Arena: Los patos necesitan tener acceso a gravilla, como pequeñas piedras, para facilitar la digestión. La arenilla ayuda a triturar los alimentos en la molleja y mejora la digestión en general.

Suplementos nutricionales: Consulta a un veterinario para determinar si tus patos necesitan vitaminas o minerales adicionales, sobre todo durante etapas como la puesta de huevos. Una dieta adecuada es crucial para su salud general y la producción de huevos.

Problemas en la puesta de huevos

Cajas nido: Pon a disposición de tus patos cajas nido cómodas y seguras con lecho limpio para que pongan sus huevos. Una zona de nidificación propicia reduce el estrés y fomenta una puesta de huevos constante.

Recolección de huevos: Recolecta los huevos con frecuencia para evitar que los patos los picoteen y los rompan. Facilita cajas nido limpias y cómodas para desalentar el comportamiento de comer huevos.

Consideraciones sobre la alimentación

Ajuste: Modifica la cantidad de comida en función de la edad, el tamaño y el nivel de actividad de tus patos. Evita la sobrealimentación, que puede provocar obesidad y problemas de salud relacionados.

Muda

Nutrición: Durante la muda, los patos necesitan nutrientes adicionales para que las plumas vuelvan a crecer sanas. Asegúrate de que reciban una dieta rica en nutrientes para favorecer este proceso natural.

Regulación de la temperatura

Tiempo caluroso: Los patos pueden tener problemas cuando hace calor. Dales sombra, agua fresca y ventilación adecuada para que estén cómodos. Evita el estrés por calor vigilando su comportamiento.

Tiempo frío: Los patos son más susceptibles al frío en condiciones húmedas. Aísla tu refugio y proporciónales un lecho adecuado para mantenerlos calientes durante los meses más fríos.

Salud de pies y piernas

Lecho limpio: Para evitar infecciones en las patas, mantén los lechos limpios. Inspecciona regularmente las patas de tus patos en busca de cortes, llagas o signos de pie deforme, que es una infección bacteriana.

Dinámica social

Observación: Vigila los signos de acoso o aislamiento dentro de la bandada. Si es necesario, separa a los patos agresivos para evitar el estrés y las lesiones.

Cuarentena

Patos nuevos: Pon en cuarentena a los patos nuevos antes de introducirlos en la bandada existente. Esto evita la posible propagación de enfermedades.

Prácticas de higiene

Limpieza: Lávate las manos después de manipular los patos o limpiar su entorno para evitar la transmisión de gérmenes. Desinfecta regularmente el equipo y las herramientas que utilices para su cuidado.

Controles sanitarios rutinarios

Observación: Establece una rutina para observar la salud general de tus patos. Busca cualquier cambio de comportamiento, apetito o estado físico que pueda indicar un problema de salud.

Interacción y enriquecimiento

Creación de vínculos: Dedica tiempo a interactuar con tus patos para generar confianza y reforzar su vínculo. Darles golosinas o simplemente pasar tiempo cerca de ellos puede fomentar una relación positiva.

Enriquecimiento: Aporta enriquecimiento ambiental, como juguetes, estanques poco profundos y escondites, para mantener a tus patos mentalmente estimulados y comprometidos.

Preguntas Frecuentes

Cuidado de los huevos

P: ¿Cómo puedes evitar que los patos coman huevos?

R: Para ello, pon a su disposición nidales limpios y cómodos con suficiente lecho. Recolecta los huevos rápidamente y considera la posibilidad de utilizar huevos falsos para desalentar el picoteo.

Comer huevos puede convertirse en un hábito si no se aborda con prontitud. Los patos pueden romper accidentalmente un huevo y aprender a comerse su contenido. Para evitar este comportamiento, construye nidos acogedores con paja limpia o lecho donde los patos se sientan seguros para poner huevos. Recolectar los huevos con frecuencia reduce la posibilidad de que los patos los picoteen y los consuman.

Utilizar huevos falsos o pelotas de golf en los nidos puede disuadir del comportamiento de picoteo al brindar una experiencia poco apetitosa.

Integración de patos

P: ¿Cómo puedes integrar nuevos patos en una bandada ya existente?

R: La introducción gradual de nuevos patos ayuda a reducir el estrés y la agresividad. Al principio, mantén a los nuevos patos separados, pero a la vista de la bandada existente. Tras un periodo de observación, permite interacciones supervisadas para establecer un orden de picoteo. Facilita escondites y varios comederos para reducir la competencia y el acoso.

La integración de nuevos patos en una bandada existente requiere un planteamiento meditado para minimizar el estrés y los posibles conflictos. Los patos son animales sociales, pero establecen un orden jerárquico que puede provocar tensiones iniciales. Permitir que los nuevos patos vean y oigan a la bandada existente antes del contacto directo reduce el choque de la introducción. Las interacciones supervisadas en un espacio neutro le permiten a los patos establecer su jerarquía sin agresiones graves. Proporcionar escondites y múltiples fuentes de comida y agua garantiza que los patos nuevos y los existentes tengan suficientes recursos, reduciendo el riesgo de acoso y favoreciendo un proceso de integración más suave.

Cuidados invernales

P: ¿Cómo puedes mantener calientes a los patos en invierno?

R: Aísla el refugio de los patos con paja, heno u otros materiales adecuados para proporcionar calor. Asegurar una ventilación adecuada para evitar la acumulación de humedad, que puede provocar congelaciones. Los patos generan calor corporal, por lo que acurrucarse puede ayudarlos a mantenerse calientes. Dales un lecho amplio, agua limpia y no congelada y protégelos de las corrientes de aire.

Los patos son más resistentes al frío de lo que parece, pero proporcionarles los cuidados invernales adecuados es importante para su comodidad y su salud. Aislar su refugio con materiales como paja o heno atrapa el calor y crea un ambiente más cálido. Una ventilación adecuada evita la acumulación excesiva de humedad, que puede provocar congelaciones y problemas respiratorios. Los patos tienden a acurrucarse para calentarse, por lo que debes facilitarles espacio y lecho suficientes para que puedan hacerlo cómodamente. Ofrecerles acceso a agua limpia y sin congelar es crucial para su hidratación y bienestar general. Evitar las corrientes de aire y proporcionar un refugio cómodo y aislado contribuyen a que los patos puedan soportar temperaturas más frías.

Vacunas

P: ¿Los patos necesitan vacunas?

R: Aunque los patos no suelen necesitar vacunaciones rutinarias, consulta a un veterinario avícola para que te haga recomendaciones basadas en tu ubicación y circunstancias específicas. Las vacunaciones pueden variar según la región y la prevalencia de enfermedades.

La necesidad de vacunar a los patos varía en función de factores como tu región y la prevalencia de enfermedades específicas. En general, los patos son aves resistentes, pero ciertas enfermedades pueden afectar a su salud y a la producción de huevos. La consulta a un veterinario avícola con conocimiento de los riesgos locales de enfermedad puede determinar si es necesario vacunar a tus patos para protegerlos. La atención veterinaria periódica, una nutrición adecuada y un entorno vital limpio son componentes clave para mantener la salud y el bienestar de tus patos.

Determinación del sexo de los patos

P: ¿Cómo puedes saber si tus patos son machos o hembras?

R: Determinar el sexo de los patos puede ser complicado, sobre todo en algunas razas. Aunque los machos (patos) suelen tener las plumas de la cola enroscadas y las hembras (patas) emiten un graznido más sutil, para determinar con exactitud el sexo puede ser necesario recurrir a expertos profesionales o a pruebas de ADN.

Determinar el sexo de los patos puede ser difícil, sobre todo cuando son jóvenes. En algunas razas, machos y hembras presentan claras diferencias visuales, como las plumas rizadas de la cola en los machos y un graznido más tenue en las hembras. Sin embargo, estos indicadores no son infalibles y pueden producirse variaciones. La pericia profesional o las pruebas de ADN suelen ser la forma más precisa de determinar el sexo de los patos. Algunas diferencias físicas y de comportamiento pueden hacerse más evidentes a medida que los patos maduran, pero basarse únicamente en indicios visuales puede dar lugar a identificaciones erróneas.

Patos incubadores

P: ¿Qué hay que hacer si un pato incuba?

R: La incubación es un comportamiento natural en el que los patos se sientan sobre los huevos para calentarlos. Si no te interesa que incuben huevos, desalienta suavemente este comportamiento retirando rápidamente los huevos. También puedes ofrecer distracciones y considerar la posibilidad de aislar al pato incubador durante un breve periodo de tiempo.

La incubación es un comportamiento instintivo por el que los patos desean incubar y empollar huevos. Aunque este comportamiento es natural, no siempre es conveniente si no estás interesado en criar patitos. Para desalentar la incubación, retira los huevos del nido lo antes posible. Esto evita que el pato se apegue demasiado a los huevos y disminuye la probabilidad de éxito de la incubación. Las distracciones, como el cambio de ubicación del nido o el cambio de la cama, también pueden romper el ciclo de cría. Si es necesario, puedes aislar a la hembra en una zona separada durante unos días para que se concentre.

Puesta de huevos

P: ¿Cuándo empiezan los patos a poner huevos?

R: Los patos suelen empezar a poner huevos alrededor de los 5-7 meses de edad, pero esto puede variar en función de factores como la raza, las condiciones ambientales y la nutrición.

La edad a la que los patos empiezan a poner huevos depende de múltiples factores. La mayoría empieza a poner entre los 5 y los 7 meses, pero esto puede variar mucho según la raza y las diferencias individuales. Una nutrición adecuada y un entorno sin estrés pueden favorecer una puesta más temprana y constante. Factores como la duración de la luz diurna y la temperatura también pueden influir en la producción de huevos. Si vigilas su comportamiento y les brindas los cuidados adecuados, te asegurarás de que tus patos tengan una buena temporada de puesta de huevos.

Cuidado de los patitos

P: ¿Cómo cuidas de los patitos?

R: Los patitos necesitan un entorno cálido y seguro. Utiliza una incubadora con lámpara de calor para mantener la temperatura adecuada. Proporciónales aguas poco profundas y accesibles para que puedan beber y limpiarse. Aliméntalos con una dieta de iniciación formulada específicamente para patitos.

Los patitos son delicados y requieren cuidados atentos durante sus primeras etapas de vida. Una incubadora ofrece un entorno controlado en el que la temperatura es crucial. Una lámpara de calor o una almohadilla térmica garantizan que los patitos se mantengan calientes, ya que no pueden regular eficazmente su temperatura corporal. Las aguas poco profundas evitan ahogamientos accidentales. Los patitos necesitan tener acceso a agua limpia para beber y limpiarse. Las dietas de iniciación para patitos están especialmente formuladas para ofrecerles los nutrientes necesarios para su crecimiento y desarrollo. Sus necesidades nutricionales cambiarán a medida que maduren, por lo que es importante ajustar su dieta en consecuencia. El cuidado y la nutrición adecuados durante la etapa de patito sientan las bases para un crecimiento sano y la edad adulta.

Incubación de huevos

P: ¿Puedes incubar huevos de pato sin una madre pato?

R: Sí, puedes incubar huevos de pato artificialmente utilizando una incubadora. Mantén los niveles adecuados de temperatura y humedad según las especificaciones de la raza de huevos de pato. Voltear los huevos varias veces al día es crucial para el éxito de la eclosión.

La incubación artificial te permite incubar huevos de pato sin la presencia de una pata nodriza. Una incubadora reproduce las condiciones necesarias para que los huevos se desarrollen y eclosionen con éxito. Es esencial mantener unos niveles constantes de temperatura y humedad, ya que estos factores influyen en el desarrollo del embrión y en el índice de eclosión. Las distintas razas de patos pueden tener requisitos específicos, por lo que es importante investigar y ajustar los parámetros en consecuencia. Voltear los huevos varias veces al día evita que el embrión se pegue a la cáscara y favorece un desarrollo uniforme. Unas técnicas de incubación adecuadas y un seguimiento y ajustes cuidadosos aumentan las posibilidades de éxito de la eclosión y de que los patitos nazcan sanos.

Arrancarse las plumas

P: ¿Por qué a veces los patos se arrancan las plumas unos a otros?

R: El arrancamiento de plumas puede deberse al hacinamiento, el estrés, el aburrimiento o las deficiencias nutricionales. Para minimizar el desplume, asegúrate de que tengan suficiente espacio, ofréceles estimulación mental y suminístrales una dieta equilibrada.

Varios factores pueden provocar el arrancado de plumas. El hacinamiento en el corral o la falta de espacio pueden provocar estrés y agresividad entre los patos y, como consecuencia, que se arranquen las plumas. El aburrimiento y la falta de estimulación mental también pueden contribuir a este comportamiento. Los patos pueden arrancarse las plumas si tienen carencias nutricionales o si su dieta carece de nutrientes esenciales. Para evitar que se arranquen las plumas, asegúrate de que los patos tengan espacio suficiente para moverse e interactuar sin sentirse hacinados. Estimúlalos mentalmente con juguetes, espejos y objetos que puedan picotear para mantenerlos ocupados. Ofrecerles una dieta equilibrada y nutritiva adaptada a sus necesidades minimiza el riesgo de deficiencias nutricionales que pueden provocar el arrancado de plumas.

Patrones de puesta de huevos

P: ¿Con qué frecuencia ponen huevos los patos?

R: La frecuencia de puesta de huevos varía en función de factores como la raza, la edad y las condiciones de luz. En promedio, los patos ponen huevos cada 24-26 horas. Algunos realizan puestas constantes, mientras que otros lo hacen de forma intermitente.

Las pautas de puesta de huevos de los patos pueden variar mucho en función de las características individuales y los factores ambientales. Las distintas razas tienen diferentes niveles de producción de huevos, y algunas son ponedoras más prolíficas que otras. La edad también influye, ya que los patos más jóvenes tienden a poner más huevos que los mayores. Las condiciones de luz, sobre todo el número de horas de luz diurna, influyen en la producción de huevos. Los patos suelen poner huevos cada 24-26 horas, la mayoría a primera hora de la mañana. Sin embargo, algunos patos pueden poner de forma intermitente o hacer pausas en la producción de huevos. Vigilar las pautas de puesta y darles los cuidados adecuados, incluida una iluminación apropiada, garantiza una producción óptima de huevos y el bienestar general.

Sonidos de los patos

P: ¿Qué significan los sonidos de los patos?

R: Los patos se comunican mediante diversos sonidos. Por ejemplo, las hembras suelen graznar, mientras que los machos emiten sonidos más suaves. El graznido puede indicar excitación, advertencia de peligro o simplemente socialización. Observar su comportamiento junto con los sonidos te ayudará a entender su comunicación.

Los patos utilizan vocalizaciones para comunicar una serie de mensajes y emociones. El graznido es uno de los sonidos más reconocibles y suele asociarse a las hembras. Los patos macho suelen emitir sonidos más suaves o silbidos. El graznido puede indicar excitación, como cuando los patos están anticipando la alimentación o la natación. También puede servir como señal de advertencia para alertar a otros patos de un peligro potencial. Los patos graznan para mantener vínculos sociales y establecer su presencia en la bandada. Observar su comportamiento y el contexto de sus vocalizaciones te ayudará a interpretar su comunicación y a comprender sus necesidades y sentimientos.

Muda

P: ¿Cuánto dura normalmente la muda?

R: La muda es el proceso por el que se desprenden las plumas viejas y crecen otras nuevas. Puede durar de varias semanas a un par de meses. Durante este período, es necesario proporcionar una alimentación y unos cuidados adecuados para que las plumas vuelvan a crecer sanas.

La muda suele ser anual y dura de varias semanas a varios meses. Durante este tiempo, los patos pueden tener un aspecto desaliñado y su producción de huevos puede disminuir o cesar temporalmente. La muda requiere una gran cantidad de energía, por lo que una dieta equilibrada y rica en nutrientes es crucial para que las plumas vuelvan a crecer sanas. Los patos pueden ser más susceptibles al estrés y a la depredación durante la muda, así que procura que tengan un entorno seguro y cómodo durante este periodo. Una vez finalizada la muda, los patos tendrán plumas frescas que contribuirán a su salud y aspecto general.

Salud y medicación de los patos

P: ¿Puedes administrar a los patos medicamentos destinados a los pollos?

R: Algunos medicamentos seguros para los pollos pueden no ser adecuados para los patos. Consultar siempre a un veterinario avícola antes de administrar cualquier medicamento para garantizar la dosis adecuada y la eficacia.

Aunque los pollos y los patos son aves de corral, tienen diferencias fisiológicas que pueden afectar a la forma en que metabolizan los medicamentos. Los medicamentos que son seguros para los pollos pueden no ser necesariamente seguros o eficaces para los patos. Algunos pueden tener dosis, periodos de abstinencia o efectos secundarios potenciales diferentes cuando son usados en patos. Es esencial consultar a un veterinario avícola con experiencia en el cuidado de patos. Un profesional puede orientarte sobre los tratamientos y las dosis adecuadas para garantizar la salud y el bienestar de tus patos.

Conducta de los patos

P: ¿Por qué sacuden la cabeza los patos en el agua?

R: Los patos sacuden la cabeza en el agua para limpiarse el pico, los ojos y las fosas nasales. Este comportamiento los ayuda a eliminar la suciedad y los residuos, manteniendo limpias sus zonas sensibles.

Los patos sacuden la cabeza como un comportamiento natural para mantener la higiene y la comodidad. Cuando lo hacen en el agua, se limpian el pico, los ojos y las fosas nasales. Utilizan el pico para buscar comida e interactuar con su entorno, por lo que mantenerlo limpio es importante para su salud general. Sacudir la cabeza los ayuda a eliminar la suciedad, los residuos y cualquier partícula extraña que pueda haberse acumulado. Observando este comportamiento, puedes ser testigo de las rutinas naturales de autocuidado de los patos y de sus adaptaciones para mantenerse limpios y sanos.

Adopción de patos

P: ¿Puedes adoptar o rescatar patos?

R: Sí, puedes adoptar o rescatar patos necesitados. Ponte en contacto con refugios de animales, organizaciones de rescate o santuarios de animales de granja para informarte sobre la adopción de patos. Antes de adoptarlos, asegúrate de que puedes darles los cuidados y condiciones de vida adecuados.

Adoptar o rescatar patos puede ser una experiencia gratificante, pero requiere una cuidadosa consideración y preparación. Si deseas ofrecerles un hogar a patos necesitados, ponte en contacto con refugios de animales locales, organizaciones de rescate o santuarios de animales de granja. Debido a diversas circunstancias, como el abandono o la entrega por parte del propietario, estas organizaciones pueden tener patos disponibles para adopción. Debes disponer de los recursos, el espacio y los conocimientos necesarios para brindar los cuidados adecuados. Los patos tienen necesidades específicas y es importante crear un entorno adecuado y seguro que cumpla sus requisitos de alojamiento, nutrición y bienestar general.

Estas preguntas frecuentes ofrecen una valiosa perspectiva del mundo de la cría de patos. Si comprendes y abordas estos temas, estarás mejor preparado para brindar unos cuidados óptimos a tus patos y crear una experiencia satisfactoria y enriquecedora tanto para ti como para tus amigos emplumados.

Conclusión

Existen muchas razones para optar por los patos en lugar de las gallinas, o incluso junto a ellas. Los patos son conocidos por su carácter amistoso, y cuidarlos puede suponer un gran disfrute. Sin embargo, debes comprender las responsabilidades que conlleva el cuidado de los patos y lo que debes y no debes hacer.

He aquí algunas claves: Los patos no necesitan un refugio elaborado. Prefieren un refugio con un poco de brisa y algo de humedad. También debe ser a prueba de depredadores, ya que los patos se enfrentan a muchas posibles amenazas. Además, lo ideal es que esté a ras de suelo o cerca de él, ya que a la mayoría de los patos no les gusta la altura.

Los patos necesitan agua, tanto para beber como para nadar. No es necesario crear un pequeño estanque. Mientras los patos puedan nadar en círculo, se contentarán con pasar una parte importante del día haciéndolo.

A la hora de elegir un tipo de pato, escoge uno que se adapte a tus necesidades y te resulte manejable. Aunque obtener huevos frescos a diario es gratificante, ten en cuenta que dos personas con sólo cuatro patos podrían producir hasta 800 huevos al año.

Cuidar e interactuar con los patos puede ser agradable, pero es un compromiso que requiere conocimientos adecuados sobre alimentación y cuidados. Esta guía te ofrece información suficiente para ayudarte a crear un hábitat adecuado para tus patos, garantizando su bienestar y felicidad. Comienza con poco, sobre todo si crías patos para uso personal. Si tienes acceso a agua limpia cerca, tus patos podrán prosperar.

Recuerda que incluso los patos más tranquilos pueden generar algo de ruido y suelen ser madrugadores. Si tienes vecinos, ten en cuenta su comodidad. Además, asegúrate de que las autoridades locales te autorizan a tener patos y de que el número de ejemplares es limitado.

Por otro lado, los patos tienen una personalidad encantadora. Son curiosos, cariñosos y pueden encariñarse con sus cuidadores. Si los crías por sus huevos, será un placer. Los huevos de pato son más grandes y ricos que los de gallina, lo que los convierte en un ingrediente muy apreciado en la cocina. Además, los patos son expertos en control de plagas. Se alimentan de babosas, caracoles e insectos diversos, lo que ayuda a mantener el jardín libre de plagas. Además, tienen plumas y plumón, que pueden aprovecharse para hacer manualidades o incluso venderse. Más allá de las ventajas prácticas, criar patos puede reforzar la conexión con la naturaleza. Es una forma práctica de apreciar los ciclos de la vida, el cambio de las estaciones y las sencillas alegrías de la vida al aire libre.

Vea más libros escritos por Dion Rosser

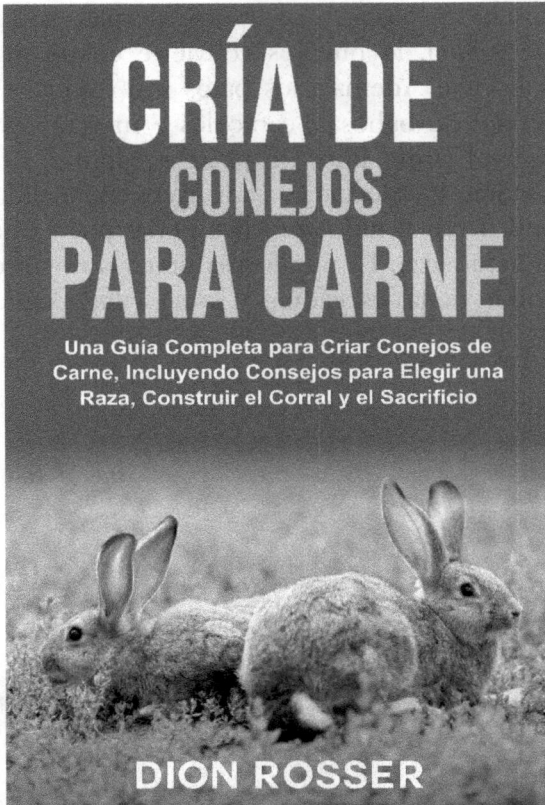

CRÍA DE CONEJOS PARA CARNE

Una Guía Completa para Criar Conejos de Carne, Incluyendo Consejos para Elegir una Raza, Construir el Corral y el Sacrificio

DION ROSSER

Referencias

(N.d.). Bothellwa.gov. https://www.bothellwa.gov/561/Dont-Feed-the-Birds#:~:text=A%3A%20Ducks%20are%20natural%20foragers,plants%2C%20crustaceans%2C%20and%20more.

(N.d.). Veterinariadigital.com. https://www.veterinariadigital.com/en/articulos/main-challenges-in-duck-production/

(N.d.-a). Pethelpful.com. https://pethelpful.com/birds/Keeping-Pet-Ducks-and-Geese

(N.d.-b). Zendesk.com. https://meyerhatchery.zendesk.com/hc/en-us/articles/5316673386509-Raising-Ducks-for-Meat#:~:text=For%20the%20first%204%20weeks,not%20gain%20weight%20as%20efficiently.

12 reasons why duck eggs are better than chicken eggs. (2019, November 12). Fresh Eggs Daily® with Lisa Steele. https://www.fresheggsdaily.blog/2019/11/duck-eggs-vs-chicken-eggs-12-reasons.html

Accetta-Scott, A. (2021, October 27). Selecting the best ducks for eggs. Backyard Poultry. https://backyardpoultry.iamcountryside.com/poultry-101/selecting-the-best-ducks-for-eggs/

Addison, J. (2023, May 2). Feeding Ducks: The best food to keep ducks healthy & happy. Birds & Wetlands. https://birdsandwetlands.com/feeding-ducks/

Affeld, M. (2019, November 21). 10 delectable duck egg recipes. Insteading. https://insteading.com/blog/duck-egg-recipes/

Aktar, W., Sengupta, D., & Chowdhury, A. (2009). Impact of pesticides use in agriculture: their benefits and hazards. Interdisciplinary Toxicology, 2(1), 1–12. https://doi.org/10.2478/v10102-009-0001-7

American Pekin duck characteristics, origin, uses. (2021, May 31). ROYS FARM. https://www.roysfarm.com/pekin-duck/

Ariane Helmbrecht. (n.d.). Presswarehouse.com. https://styluspub.presswarehouse.com/browse/author/ff544176-aca6-4453-8b46-b9c9b67db340/Helmbrecht-Ariane

Aylesbury duck characteristics, origin & uses info. (2021, May 31). ROYS FARM. https://www.roysfarm.com/aylesbury-duck/

Aylesbury ducks: Complete breed guide. (n.d.). Fowl Guide. https://fowlguide.com/aylesbury-ducks/

Backyard Sidekick. (2022, October 6). Why do ducks quack? The various meanings of duck quacks. Backyard Sidekick. https://backyardsidekick.com/why-do-ducks-quack-the-various-meanings-of-duck-quacks/

Badgett, B. (2019, August 2). Duck habitat safety – what are some plants ducks can't eat. Gardening Know How. https://www.gardeningknowhow.com/garden-how-to/beneficial/plants-ducks-cant-eat.htm

Barnes, A. (2019, May 15). Daily diet, treats, and supplements for ducks. The Open Sanctuary Project; The Open Sanctuary Project, Inc. https://opensanctuary.org/daily-diet-treats-and-supplements-for-ducks/

Batres-Marquez, S.P. (2017, June 29). U.S. duck production and exports. Iowafarmbureau.com. https://www.iowafarmbureau.com/Article/US-Duck-Production-and-Exports

Bauer, E. (n.d.). Chocolate Mousse. Simply Recipes. https://www.simplyrecipes.com/recipes/chocolate_mousse/

Bethany. (2021, August 30). Raising baby ducks for beginners. Homesteading Where You Are. https://www.homesteadingwhereyouare.com/2021/08/30/raising-baby-ducks-for-beginners/

Bethany. (2022, February 4). All about niacin for ducks: What you should know. Homesteading Where You Are. https://www.homesteadingwhereyouare.com/2022/02/03/niacin-for-ducks/

Brahlek, A. (n.d.). A guide to the ideal diet for backyard ducks. Grubblyfarms.com. https://grubblyfarms.com/blogs/the-flyer/backyard-ducks-diet

Campbell, V. (2015, January 20). How to recognize duck courtship displays. All About Birds. https://www.allaboutbirds.org/news/what-to-watch-for-duck-courtship-video/

Can ducks eat chicken feed? Duck feeding 101. (2020, August 22). Rural Living Today. https://rurallivingtoday.com/backyard-chickens-roosters/can-ducks-eat-chicken-feed/

Chaussee, R. (n.d.). Amino acid nutrition in ducks. Org.Br. http://www.facta.org.br/wpc2012-cd/pdfs/plenary/Ariane_Helmbrecht.pdf

Chiou, J. (2021, September 16). Caramelized apple French toast. Table for Two® by Julie Chiou; Table for Two. https://www.tablefortwoblog.com/caramelized-apple-french-toast/

Commercial feeds. (2012, July 24). Horse Sport. https://horsesport.com/magazine/nutrition/commercial-feeds/

Cosgrove, N. (2022, August 5). Indian runner duck: Pictures, info, traits & care guide. Pet Keen. https://petkeen.com/indian-runner-duck/

DeVore, S. (2020, May 3). Duck breeds. Farminence. https://farminence.com/duck-breeds/

Dickson, P. (2022, October 1). Do ducks purr? Bird noises & interesting facts. Pet Keen. https://petkeen.com/do-ducks-purr/

Diet requirements for backyard ducks - A comprehensive guide. (2023, February 23). Sharpes Stock Feeds; Sharpes Stockfeed. https://www.stockfeed.co.nz/resources/poultry-feed/ducks-diet-requirements/

Dodrill, T. (2021, December 10). Duck language: How to interpret duck behavior. New Life On A Homestead. https://www.newlifeonahomestead.com/duck-language-and-behavior/

Duck egg production, lighting, and incubation. (2021). Gov.au. https://www.dpi.nsw.gov.au/animals-and-livestock/poultry-and-birds/species/duck-raising/egg-production

Duck eggs —. (n.d.). Orange Star Farm. https://www.orangestarfarm.com/duck-eggs

Duck health care. (2020, February 13). Cornell University College of Veterinary Medicine. https://www.vet.cornell.edu/animal-health-diagnostic-center/programs/duck-research-lab/health-care

Duck nutrition. (2020, February 17). Cornell University College of Veterinary Medicine. https://www.vet.cornell.edu/animal-health-diagnostic-center/programs/duck-research-lab/duck-nutrition

Emily. (2022, April 22). Duck egg quiche. This Healthy Table. https://thishealthytable.com/blog/duck-egg-quiche/

Feed mixers for cattle, poultry & Co – amixon® blog. (n.d.). Amixon.com. https://www.amixon.com/en/blog/feed-mixers

Feed supplements poultry shellgrit, Packaging Type: Bags. (n.d.). Indiamart.com. https://www.indiamart.com/proddetail/shellgrit-10716078848.html

Feeding ducks. (n.d.). Ncsu.edu. https://poultry.ces.ncsu.edu/backyard-flocks-eggs/other-fowl/feeding-ducks/

Ferraro-Fanning, A. (2022, June 21). Duck-safe plants and weeds from the garden. Backyard Poultry. https://backyardpoultry.iamcountryside.com/poultry-101/weeding-the-garden-and-duck-safe-plants/

Fraser, C. (2022, May 17). Pekin duck (American Pekin): Pictures, info, traits, & care guide. Pet Keen. https://petkeen.com/pekin-duck/

Girl, L. E. D. (2012, May 31). The beginner's guide to hatching duck eggs. Fresh Eggs Daily® with Lisa Steele. https://www.fresheggsdaily.blog/2012/05/great-eggscape-too-hatching-duck-eggs.html

Greer, T. (2020, July 6). How much protein do ducks really need? Morning Chores. https://morningchores.com/protein-requirements-for-ducks/

Gregory. (2021, July 23). Duck eggs: Taste, preparation, shelf life, and more. Fowl Guide. https://fowlguide.com/duck-eggs-taste-preparation/

HappyChicken. (2020, September 26). Interpreting duck behavior. The Happy Chicken Coop. https://www.thehappychickencoop.com/interpreting-duck-behavior/

HappyChicken. (2021, October 12). Pekin duck breed: Everything you need to know. The Happy Chicken Coop. https://www.thehappychickencoop.com/pekin-duck-breed-everything-you-need-to-know/

HappyChicken. (2022, March 2). Ducks need water. The Happy Chicken Coop. https://www.thehappychickencoop.com/do-ducks-need-water-what-you-should-know/

HappyChicken. (2022, March 4). Best meat duck breeds. The Happy Chicken Coop. https://www.thehappychickencoop.com/best-meat-duck-breeds/

Health & Social Services. (n.d.). Duck. Gov.Nt.Ca. https://www.hss.gov.nt.ca/en/services/nutritional-food-fact-sheet-series/duck

Henke, J. (2020, August 3). Should you wash eggs or not? Successful Farming. https://www.agriculture.com/podcast/living-the-country-life-radio/should-you-wash-eggs-or-not

Herlihy, S. (2022, June 6). Khaki Campbell duck: Breed info, pictures, traits & care guide. Pet Keen. https://petkeen.com/khaki-campbell-duck/

Hess, T., & Griffler, M. (2018, April 3). Potential duck health challenges. The Open Sanctuary Project; The Open Sanctuary Project, Inc. https://opensanctuary.org/common-duck-health-issues/

Hess, T., & Griffler, M. (2018, March 7). Welcome to waterfowl: The new duck arrival guide. The Open Sanctuary Project; The Open Sanctuary Project, Inc. https://opensanctuary.org/new-duck-arrival-guide/

Hess, T., & Griffler, M. (2023, May 26). How to conduct a duck health check. The Open Sanctuary Project; The Open Sanctuary Project, Inc. https://opensanctuary.org/how-to-conduct-a-duck-health-examination/

Holley, M. (2020, April 19). Raising ducks - pros and cons of backyard ducks. Outdoor Happens. https://www.outdoorhappens.com/raising-ducks-pros-and-cons-of-backyard-ducks/

How do ducks communicate? (2019, November 23). Sciencing; Leaf Group. https://sciencing.com/ducks-communicate-4574402.html

How to store duck eggs (step-by-step guide). (2022, October 2). Homestead Crowd | Homesteading, Gardening, Raising Animals Tips; Homestead Crowd. https://homesteadcrowd.com/how-to-store-duck-eggs/

Human-imprinting in birds and the importance of surrogacy. (n.d.). Wildlifecenter.org. https://www.wildlifecenter.org/human-imprinting-birds-and-importance-surrogacy

Indian Runner duck characteristics, uses & origin. (2021, May 31). ROYS FARM. https://www.roysfarm.com/indian-runner-duck/

Jagdish. (2022, August 10). How to start duck farming from scratch: A detailed guide for beginners. Agri Farming. https://www.agrifarming.in/how-to-start-duck-farming-from-scratch-a-detailed-guide-for-beginners

Khaki Campbell ducks: Characteristics, origin, uses. (2021, May 31). ROYS FARM. https://www.roysfarm.com/khaki-campbell-duck/

Kim, J. (2022a, August 26). Muscovy duck: Facts, uses, origins & characteristics (with pictures). Pet Keen. https://petkeen.com/muscovy-duck/

Kross, J. (2022). Waterfowl vocalizations. Ducks.org. https://www.ducks.org/conservation/waterfowl-research-science/waterfowl-vocalizations

Lazzari, Z. (2011, May 30). When & how to collect duck eggs. Pets on Mom.com; It Still Works. https://animals.mom.com/when-how-to-collect-duck-eggs-12546035.html

Lee, A. (2023, May 28). Decoding duck behavior: A guide for duck owners. Farmhouse Guide; April Lee. https://farmhouseguide.com/decoding-duck-behavior/

Lee. (2020, October 15). How to butcher a duck – a step-by-step picture tutorial. Lady Lee's Home; Lady Lees Home. https://ladyleeshome.com/how-to-butcher-a-duck/

Lesley, C. (n.d.). Hatching duck eggs: Complete 28-day incubation guide. Chickensandmore.com. https://www.chickensandmore.com/incubating-duck-eggs/

Lesley, C. (n.d.-a). Indian runner Ducks for beginners (the complete care sheet). Chickensandmore.com. https://www.chickensandmore.com/indian-runner-duck/

Lesley, C. (n.d.-b). Khaki Campbell duck: Care guide, size, eggs, and more.... Chickensandmore.com. https://www.chickensandmore.com/khaki-campbell-duck/

Lie-Nielsen, K. (2020, September 7). Ducks & geese are great permaculture livestock. Hobby Farms. https://www.hobbyfarms.com/ducks-and-geese-great-permaculture-livestock/

Liz. (2016, May 4). How to make a duck house. The Cape Coop. https://thecapecoop.com/make-duck-house/

Liz. (2016, September 28). Understanding backyard duck behavior. The Cape Coop. https://thecapecoop.com/understanding-backyard-duck-behavior/

Mallard duck nests. (n.d.). Wildlifecenter.org. https://www.wildlifecenter.org/mallard-duck-nests

Mallard life history. (n.d.). Allaboutbirds.org. https://www.allaboutbirds.org/guide/Mallard/lifehistory

Mccune, K. (2021, May 16). What is the best bedding to use for ducklings? Family Farm Livestock. https://familyfarmlivestock.com/what-is-the-best-bedding-to-use-for-ducklings/

Molly. (2022, July 19). Indian Runner ducks: Personality, appearance, and care tips. Know Your Chickens. https://www.knowyourchickens.com/indian-runner-ducks/

Muscovy duck: Characteristics, diet, uses, facts. (2021, May 31). ROYS FARM. https://www.roysfarm.com/muscovy-duck/

New Life on a Homestead. (2022, November 3). Top 10 duck keeping questions answered. Backyard Poultry. https://backyardpoultry.iamcountryside.com/poultry-101/top-10-duck-raising-questions-answered/

(n.d.). HGTV; Discovery UK. https://www.hgtv.com/outdoors/gardens/animals-and-wildlife/plants-toxic-to-backyard-ducks

Perez, S. (n.d.). Keeping Pet Ducks: Ducklings, Imprinting, and Ethical Treatment. Pethelpful.com. https://pethelpful.com/birds/Keeping-Pet-Ducks-and-Geese

Phillips, E. (2022, January 18). How to care for ducklings. Backyard Poultry. https://backyardpoultry.iamcountryside.com/poultry-101/how-to-care-for-ducklings/

Pierce, R. (2020, August 12). How to introduce new ducks to the flock. The Homesteading Hippy. https://thehomesteadinghippy.com/introducing-ducks-to-the-flock/

Pierce, R. (2022, September 17). Common duck diseases and how to prevent them. The Happy Chicken Coop. https://www.thehappychickencoop.com/duck-diseases/

Pierce, R. (2022, September 30). Free-range ducks: Pros and cons. The Happy Chicken Coop. https://www.thehappychickencoop.com/free-range-ducks-pros-and-cons/

Pierce, R. (2022a, August 10). Aylesbury ducks - the ultimate duck breed guide. The Happy Chicken Coop. https://www.thehappychickencoop.com/aylesbury-duck/

Poindexter, J. (2016, August 28). 10 important things to consider when building a duck coop. Morning Chores. https://morningchores.com/duck-coop-considerations/

Raising meat ducks in small and backyard flocks. (n.d.). Extension.org. https://poultry.extension.org/articles/poultry-management/raising-meat-ducks-in-small-and-backyard-flocks/

Reddy. (2023, March 10). Frequently Asked Questions About Duck Farming. AgriculturalMagazine. https://agriculturalmagazine.com/frequently-asked-questions-about-duck-farming/

Rice and duck farming as a means for contributing to climate change adaptation and mitigation. (n.d.). Fao.org. https://www.fao.org/family-farming/detail/en/c/1618289/

Sachdev, P. (n.d.). Are there health benefits of duck? WebMD. https://www.webmd.com/diet/health-benefits-duck

Sam, & February 1. (2020, February 1). Duck egg carbonara. Our Modern Kitchen. https://www.ourmodernkitchen.com/duck-egg-carbonara/

Sargent, A. (2020, November 28). Everything you ever wanted to know about duck eggs. Crooked Chimney Farm, LLC. https://crookedchimneyfarm.com/blogs/chickens-ducks/everything-you-ever-wanted-to-know-about-duck-eggs

Shaw, H. (2020, November 2). Duck fried rice. Hunter Angler Gardener Cook. https://honest-food.net/duck-fried-rice-recipe/

Shelton, L. (2023, March 13). Duck coops: 15 tips to design the perfect coop for your ducks. AgronoMag. https://agronomag.com/duck-coops/

Signs of malnutrition in birds. (2022, October 8). Petindiaonline.com. https://www.petindiaonline.com/story-details.php?ref=160503223

Steele, L. (2022, December 19). Types of ducks for eggs, meat, and pest control. Backyard Poultry. https://backyardpoultry.iamcountryside.com/poultry-101/types-of-ducks-for-eggs-meat-and-pest-control/

Stockman, F. (2019, June 18). People are taking emotional support animals everywhere. States are cracking down. The New York Times. https://www.nytimes.com/2019/06/18/us/emotional-support-animal.html

Stone, K. (2019, November 18). Commercial vs. Home mixed feed: Helpful answers for you. Stone Family Farmstead; Kristi Stone. https://www.stonefamilyfarmstead.com/commercial-vs-home-mixed-feed/

The DOs and DON'ts of feeding ducks. (n.d.). Friscolibrary.com. https://friscolibrary.com/blogs/post/the-dos-and-donts-of-feeding-ducks/

The Happy Chicken Coop. (2022, September 26). Muscovy duck: Eggs, facts, care guide, and more. The Happy Chicken Coop. https://www.thehappychickencoop.com/muscovy-duck/

The hidden lives of ducks and geese. (2010, June 22). PETA. https://www.peta.org/issues/animals-used-for-food/factory-farming/ducks-geese/hidden-lives-ducks-geese/

Thrifty Homesteader. (2016, June 23). Want eggs? Get ducks! The Thrifty Homesteader. https://thriftyhomesteader.com/want-eggs-get-ducks/

von Frank, A. (2022, August 30). 11 things you should know before raising ducks. Tyrant Farms. https://www.tyrantfarms.com/10-things-you-should-know-before-you-get-ducks/

von Frank, A. (2022, November 1). Duck eggs vs. chicken eggs: how do they compare? Tyrant Farms. https://www.tyrantfarms.com/5-things-you-didnt-know-about-duck-eggs/

von Frank, A. (2023, February 2). Are ducks dirty? Top tips for keeping your duck areas clean. Tyrant Farms. https://www.tyrantfarms.com/are-ducks-dirty-top-tips-for-keeping-duck-areas-clean/

What do ducks eat? Tips and best practices. (n.d.). Purinamills.com. https://www.purinamills.com/chicken-feed/education/detail/what-do-ducks-eat-tips-and-best-practices-for-feeding-backyard-ducks

What ducks and geese are good for foraging? (n.d.). Metzerfarms.com. https://www.metzerfarms.com/blog/what-ducks-and-geese-are-good-for-foraging.html

What should I feed my ducks? (2018, November 9). Org.au. https://kb.rspca.org.au/knowledge-base/what-should-i-feed-my-ducks/

When do you need a vet? (2016, July 7). Raising-ducks.com. https://www.raising-ducks.com/when-do-you-need-a-vet/

www.ingramcontent.com/pod-product-compliance
Lightning Source LLC
Chambersburg PA
CBHW070812300326
41914CB00054B/771